보험경영과 윤리

Ethics in Insurance Management

보험경영과 윤리

Ethics in Insurance Management

초판 1쇄 인쇄일 2018년 7월 26일
초판 1쇄 발행일 2018년 8월 6일

지은이 이순재
펴낸이 양옥매
디자인 임홍순
교 정 조준경

펴낸곳 도서출판 책과나무
출판등록 제2012-000376
주소 서울특별시 마포구 방울내로 79 이노빌딩 302호
대표전화 02.372.1537 **팩스** 02.372.1538
이메일 booknamu2007@naver.com
홈페이지 www.booknamu.com
ISBN 979-11-5776-596-6 (03320)

이 도서의 국립중앙도서관 출판시도서목록(CIP)은 서지정보유통지원 시스템
홈페이지(http://seoji.nl.go.kr)와 국가자료공동목록시스템
(http://www.nl.go.kr/kolisnet)에서 이용하실 수 있습니다.
(CIP제어번호 : CIP2018023149)

＊본 저술은 (사)대산신용호기념사업회의 지원을 받아 연구되었음

Ethics in Insurance Management

보험경영과 윤리

이순재 지음

책나무

보험회사의 윤리경영,
어떻게 할 것인가?

보험산업은 필자가 경영학자의 길에 들어서며 배움과 연구의 대상이 되어 왔기에 우리의 보험산업이 발전해 나가야 할 방향에 대해 늘 관심을 가져왔다. 1980년대와 1990년대는 시장개방과 자유화의 물결이 거세게 밀려오던 시기였고, 외환위기로 인한 구조조정을 겪던 2000년대 초반은 소위 글로벌 스탠더드에 맞는 옷을 억지로 꿰어 입던 시기였다고 본다. 2000년대 후반의 세계적인 금융위기를 큰 탈 없이 견뎌 내며 지금까지 왔으나, 글로벌 트렌드인 지속가능경영의 시대에 들어서서 앞서가는 글로벌 보험회사들의 선도적인 경영방식을 따라잡기가 만만치 않은 상황이다.

2000년대 초 미국의 대형 회계부정 스캔들로 말미암아 시작된 기업의 윤리경영 흐름은 전 세계로 확산되며 기업경영의 기조를 새롭게 변

혁신시켜 놓았다. 기업의 사회적 책임에 대한 논의가 환경오염 방지와 생태계 보존으로 확장되면서, 유엔을 비롯한 국제기구들도 이에 동조하여 환경 관련 국제협약들이 맺어지고, 국제적 윤리지수들이 등장하여 기업을 대상으로 평가하고 있다. 바야흐로 기업들이 생존하기 위해서는 윤리경영을 하지 않을 수 없는 시대에 접어든 것이다.

이 책은 우리 보험회사들이 윤리경영에 대한 이해를 높이고, 우리보다 일찍 윤리경영을 시작한 국가들과 보험회사들의 사례를 살펴보며, 국내 보험회사 CEO들을 대상으로 설문조사한 결과를 참고하여 보험회사의 윤리경영이 나아가야 할 방향을 제시하고자 하는 의도로 시작되었다. 보험 관련 종사자 모두에게 이 책이 읽히기를 바라며, 보험에 관심 있는 대학생들과 의식 있는 현재·미래의 보험소비자들도 독자의 범주에 넣고자 한다.

제1부는 기업이 속해 있는 사회에 어떠한 책임을 갖고 있는지에 대하여 개념과 이론에 근거하여 살펴본다. 기업의 이해관계자에 대한 책임은 무엇이며, 사회적 책임과 지속가능경영의 발전 과정과 흐름을 조망하고, 사회적 책임경영을 넘어서 윤리경영의 범주에 대하여 논의한다.

제2부는 윤리경영이 보험회사에 필요한 이유에 대해 윤리 이론과 기업윤리의 역사적 배경을 살펴보고, 윤리경영 도입에 있어서 미국과 유럽 그리고 일본의 사례를 통해 정부의 역할을 비교하고, 기업지배구조의 중요성을 논의한 후에 보험산업에 고유한 윤리적 이슈를 제기한다.

제3부는 보험회사들이 실제로 어떻게 윤리경영을 하고 있는지를 국

내 보험회사들과 유럽, 미국, 일본의 대표적 회사들을 중심으로 살펴보고 시사점을 찾아본다.

제4부에서는 우리 보험회사들이 어떻게 윤리경영을 수행할 것인지에 대하여 보험소비자와 보험회사 경영자들의 인식에 근거하여 보험업계의 자율적인 실행과 지배구조의 정립, 전략적 윤리경영의 구체적인 실행 방안들과 미래의 방향을 제시하는 것으로 맺는다.

2012년에 시작한 집필 작업이 여러 가지 이유로 지연되었지만 이 책이 세상에 나올 수 있도록 도움을 주신 여러 학문적 동지들과 초고 검독을 도와준 김앤장의 오영수 박사께 감사를 표하며, 출판을 도와주신 책과나무 양옥매 대표께 감사드린다. 끝으로 이 작업을 마칠 수 있도록 지난 6개월간 뉴욕의 연구년 생활을 동고동락하며 격려해 준 가족에게 고마움과 사랑을 표한다.

2018년 7월

이순재

Ethics in Insurance Management

제 1 부

기업은 사회에
책임이 있는가?

기업시민으로 불리는 기업의 경영에 있어서 기업은 이해관계가 있는 당사자들에 대한 책임이 존재한다는 것으로 출발하여 이러한 '기업의 사회적 책임' 개념이 시대적으로 어떻게 발전해 왔는지를 살펴본다. 이 개념은 경제적 · 사회적 · 환경적 발전을 아우르는 지속가능발전의 개념으로 포괄하게 되었으며, 전 세계 모든 산업 영역에서 기업 활동의 전략적 핵심으로 자리 잡게 되었다. 이러한 바탕 위에 기업의 경영이 사회적 책임 경영을 넘어 윤리경영의 시대로 나아가게 되는 배경을 살펴보도록 한다.

기업과 사회
그리고 이해관계자

    기업은 소유주인 주주들의 이익을 극대화하기 위한 경영 활동뿐 아니라 이해관계자들의 이익도 배려해야 하는 기업시민으로서의 책임을 갖고 있다. 기업 경영에 있어서 기업에 이해관계가 있는 당사자들은 기업이 생산 활동과 판매 활동 등을 통하여 이익을 창출하고, 이를 기반으로 기업가치가 상승하고 투자 활동을 통하여 미래의 성과를 높임으로써 이익을 증대시키며 안정적인 고용과 지속적인 성장을 이루기를 기대한다.

    기업은 사회적으로 성장하기 위해 여러 이해관계자 집단의 이익을 공정하고 균형적인 시각을 가지고 보호하기 위해서 노력해야 한다. 이해관계자란 기업 활동으로 인해 직·간접적으로 영향을 받는 사람들을 말하며, 1차 이해관계자(주주·종업원), 2차 이해관계자(고객·협력사·경쟁사), 그리고 3차 이해관계자(정부·지역사회)로 분류할 수 있다.[1] 이러한 이해관계자들에 대하여 기업은 책임을 갖는다.

즉, 주주와 투자자에 대하여 기업은 그들이 보여 준 신뢰를 존중하며 이들에게 공평하고 적절한 수익을 제공하기 위하여 노력해야 한다. 주주와 투자자에 대한 책임은 기업의 기본적인 책임이며, 기업은 이들에 대한 권익 보호 장치를 마련하고 성실히 이행함으로써 그들의 투자에 대한 신뢰를 확보할 필요가 있다. 투자자는 기업의 수익성뿐만 아니라 윤리, 사회 및 환경 측면에 대한 대응도 중시하게 되었다.

종업원에 대하여는 그들의 존엄성을 존중하며 기업의 이익에 우선하여 종업원의 인권과 근로 조건을 향상시키는 데 노력해야 할 책임이 있다. 종업원은 기업의 가장 중요한 인적 자산이므로 종업원의 독립적 인격과 기본권을 존중함으로써 종업원이 직장 생활을 통하여 인간다운 생활을 영위하고 창의성을 최대한 발휘할 수 있는 여건을 조성할 필요가 있다. 또한 기업은 종업원에게 공정하고 합리적인 노동의 대가를 지급할 수 있도록 체계적인 급여 및 인사제도를 확립하고 종업원의 다양한 니즈를 반영한 복리후생제도를 마련함으로써 종업원의 만족도를 제고해야 한다.

고객(소비자)에 대해서는 거래의 상대방으로서 존중하며 고객의 니즈를 충족시킬 수 있는 양질의 상품과 서비스를 제공하고, 그들의 권리

---

1) 이종영(2008) 참조.

를 적극적으로 보장하기 위하여 고객에 대한 책임을 다해야 한다. 소비자보호를 위하여 소비자정보보호제도와 소비자보상제도 등을 실시하고, 고객만족을 위하여 소비자 의견 수렴 및 피드백, 소비자만족도 조사 등을 실시함으로써 소비자의 신뢰를 구축해야 할 것이다.

협력사와 경쟁사에 대해서 기업은 모든 활동에 공정성과 신뢰성을 바탕으로 안정적인 협력 관계를 유지하고 유효경쟁을 촉진할 책임이 있다. 기업은 협력사 선정 시 투명한 기준과 절차를 적용하고, 협력사의 의견을 존중하며, 협력사와 상생협력을 추진하여 거래 관계를 안정시키고 상호 경쟁력을 제고시킬 필요도 있다. 아울러 기업은 경쟁사와 공정경쟁 문화를 조성하고 부당한 공동행위와 불공정거래행위를 제거하여 공정하고 자유로운 경쟁을 촉진함으로써 창의적인 기업 활동을 유도하도록 해야 한다. 한편 기업은 지역사회의 일원으로서 지역사회와 기업의 조화로운 발전을 위하여 각종 사회 활동에 적극 참여하고 장기적으로 지역사회의 발전에 공헌할 책임이 있다.

아래 〈표 1.1〉은 이해관계자의 관심 분야와 기업의 비윤리적 행위로 초래되는 부정적 영향을 요약·설명하고 있다. 즉, 주주는 주식가치의 상승이나 배당수익에 관심을 갖고 있으며, 기업의 비윤리적 행위로 인하여 잘못된 투자결정을 내리거나 주식가치에 손실을 입거나 배당이 취소되는 결과가 초래될 수 있다. 또한 종업원은 적정한 보수와 안정된 고용 그리고 안전하고 쾌적한 작업환경에 관심을 갖고 있으며, 기업의 비윤리적 행위로 실직을 당하거나 퇴직급여나 연금지급 의무를 이행하지 않는 결과를 초래할 수 있다. 마찬가지로 고객, 협력업체, 정부, 채권자, 지역사회도 기업과 관련하여 관심 분야가 각각 있으며 기업의 비윤리적 행위로 영향을 입게 된다.

〈표 1.1〉 기업의 이해관계자와 윤리문제

이해 관계자	관심 분야	비윤리적 행위로 인한 영향
주주	주식가치의 상승 배당수익	(허위정보로) 잘못된 투자결정 주식가치 손실 배당 취소
종업원	적정한 보수와 안정된 고용 안전하고 쾌적한 작업환경	실직 퇴직급여나 연금의무 미이행
고객	질과 가격이 적정한 제품/서비스 안전하고 믿을 수 있는 제품	부실한 품질의 제품/서비스
협력 업체	납품대금의 신속한 결제 적정한 이윤하의 정기적 주문	납품대금 지급 지연 회사 파산 시 미지급금
정부	세금수입 법규를 준수하는 기업운영	세금수입의 상실 관련 법규의 미준수
채권자	원리금의 지급 일정에 맞는 부채상환	원리금 지급 상실 부채상환의 불이행
지역 사회	지역주민의 고용 지역경제 성장 환경보호	지역주민의 실업 지역경제 침체

출처: Ghillyer (2012), Business Ethics Now, p.23.

사회적 책임의
개념과 이론

기업의 사회적 책임(CSR: Corporate Social Resposibility)**의 개념**

CSR은 이해관계자 이론(stakeholder theory)에 기반하고 있다고 볼 수 있는데, 그 개념은 기업을 특정한 이해관계 집단들에게 책임을 지는 것으로 간주한다. 이해관계자는 조직 내에서 그들의 이익, 권리, 청구권 또는 소유권에 의해서 인지되고 구분된다. 이러한 집단의 명칭이 다소 다를 수 있지만 주주, 고객, 종업원, 협력업체, 그리고 지역사회는 거의 항상 포함되는 집단에 속한다.[2]

CSR에 대한 개념은 국가, 역사·문화, 종교·사회관습, 경제 상황 등에 따라 다르게 이해되고 있어 국제적으로 통일된 정의는 없는 실정

---

2) Snider, et al. (2003)에서 인용한다.

이나, 기업이 지속적으로 존속하기 위해 이윤 추구는 물론 최소한의 사회규범으로서 법령 및 규범 준수뿐만 아니라 다양한 이해관계자의 요청 등에 적절히 대응함으로써 기업이 속한 사회와 공동체에 긍정적 영향을 미치기 위한 책임 있는 활동이라 하겠다.

따라서 CSR은 기부 및 자선 활동 등 협의의 사회공헌활농뿐만 아니라 주주·고객·종업원·지역사회 등 이해관계자들의 관계 강화 등을 통해 기업이 존속하기 위한 여러 가지 활동을 포함하는 광범위한 개념이며, 기업 및 사회의 지속적 발전으로 이어지는 넓은 의미의 투자로 인식할 수 있다. 이에 포함되는 활동으로는 양질의 제품과 서비스 제공, 고객의 안전 확보, 법규 준수, 고용 창출, 세금 납부, 환경 개선, 정보 공개, 저출산·고령화에 대한 대응, 인재 육성, 부패 방지, 노동기준 준수, 문화·예술·기부 활동 등이 있다.

종래 기업들은 비자발적으로 이미지 제고 차원에서 기부 및 자선 활동, 법규 준수 등의 형태로 사회에 대한 책임을 수행하여 왔으나, 최근에는 사회나 이해관계자에 대한 기업의 일방적인 공헌이 아니라 기업의 장래가치를 높이고 발생 가능한 리스크를 관리하기 위한 경영기법의 하나로 추진하고 있는 추세이다.

CSR을 경제학적 관점에서 접근하여 해석하기도 한다. 즉, CSR은 아담 스미스(A. Smith)의 전통에 따르는 시장의 과잉을 케인즈(J. M. Keynes)식으로 조절하고자 하는 기업의 자기정화 노력이며, 시장의 역할을 절멸시키려는 마르크스(K. Marx)의 좌파 운동으로 해석하는 것은 부적절하다고 본다. 케인즈의 이론은 이른바 '자본주의의 황금기'와 함께하였으나 1970년대 이후 세계적인 불황이 찾아오면서 이에 대한 반론이 제기되었다. 이런 구조적 불황의 원인을 하이에크(F. Hayek), 프리드먼(M. Friedman) 등의 경제학자들(소위 시카고학파, 통화주의자들)은 '국가 폐해, 즉 관료주의와 이윤원리의 침해, 사회복지의 남용, 자유로운 시장의 훼손'에서 찾았다. 이들은 케인즈 주의(主義)와 사회민주주의를 비판하고 결국 시장으로부터 국가 개입을 축출할 것을 주창했다. 이들의 주장은 1980년대 영국과 미국의 정부 정책에 전폭적으로 수용되었으며, 자본시장 개방, 탈규제화, 공공부문의 민영화, 노동시장의 유연화 등의 정책 변화로 나타났다.[3]

　그러나 2008년 리먼브라더스(Lehman Brothers) 파산으로 시작된 미국발 금융위기와 이어서 닥친 유럽 재정위기는 시장경제 질서에 모든 것을 맡긴 신자유주의에 대한 회의를 불러일으켰다. 즉, 신자유주의는 금융 부문의 무절제한 규제 완화의 원인이 됐으며, 이는 빚으로 자산을 구입하는 등 자산가치 버블을 일으켰다. 버블이 붕괴되면서 곧 금융위기가 찾아왔다. CSR이 사회적 화두로 등장한 배경에도 신자유주의에 대한 반성이 깔려 있다. 시장과 자본으로 기운 저울추를 사회정의라고 하는 보편적 가치에 맞게 조절하는 과정에서 등장한 것이 바로 CSR인 셈이다. 기업의 입장에서는 CSR이 시장의 자율성을 해치는 반

---

3) 이러한 주장과 정책들을 통칭하여 '신자유주의'라고 부른다.

시장적 장치로 보일 수도 있지만, 자원의 효율적 배분이라는 측면에서 CSR은 자본주의의 자정(自淨) 기능으로 생각할 수 있다.[4]

CSR 개념의 진화

학계와 산업계에서는 지난 50여 년간 CSR의 정의에 대한 합의점을 찾느라 노력해 왔다. 엘스와 월톤(Eells and Walton)은 1961년 그들의 기업이론서에서 CSR을 '기업이 사회현상에 투영되면서 발생하는 문제들과 기업과 사회의 관계를 지배하는 윤리적 원칙들'을 의미한다고 주장했다.

CSR을 설명하는 데에 '3개 동심원(同心圓)' 이용하는 경우[5] 제일 안쪽의 원은 성장·제품·직업과 같은 기본적 경제기능을 포함하며, 중간의 원은 경제적 기능들이 사회적 가치의 변화에 대한 민감한 의식을 갖고 실행되어야 한다고 제시했다. 바깥의 원은 기업이 사회 환경을 개선시키는 데 더욱 적극적으로 개입해야 한다는 가정하에 새롭게 떠오르는 책임들을 의미한다.

주목할 것은 다수의 저자들[6]에 의해 기업의 사회적 책임이 '사회적 대응(corporate social responsiveness)'으로 이동되었다는 점이다. 그들의 기

---

4) https://blog.naver.com/chamnet21/220060070342
5) Committee for Economic Development (1971) 참조
6) 예를 들면, Epstein (1987) 등이 이에 속한다.

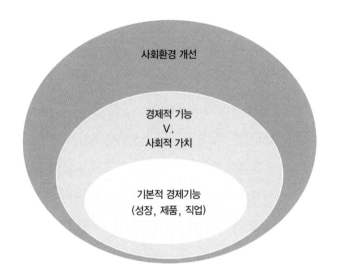

〈그림 1.1〉 기업의 사회적 책임과 동심원

본 주장은 "사회적 책임에 있어서의 강조할 점은 사업상의 의무와 동기부여에만 초점을 맞추고 있으며, 실행이나 성과는 간과하고 있다"는 것이었다. 그런고로 사회적 대응 운동은 사회적 역할에 대한 기업의 실행, 순응성, 이행을 강조하였다.

하지만 여전히 남아 있는 질문은 기업의 경제적 지향과 사회적 지향을 조화시키는 것이었다. CSR에 대한 포괄적인 정의가 제시되었을 때 이러한 방향으로 한 단계 나아가게 되었다. 이는 CSR의 개념이 기업의 경제적·법적 의무뿐 아니라 윤리적·자선적 의무도 포함한다는 발상이었다.[7] 여기서의 주안점은 CSR이 적법하게 인정받기 위해서는 기업이 사회에 해야 할 모든 영역의 의무들을 다루어야 한다는 것이다.

그 후 '기업의 사회적 성과(corporate social performance)'란 용어가 떠올랐는데, 이는 포괄적인 개념으로 기업의 사회적 책임, 사회적 대응, 그리고 사회적으로 유익한 모든 영역의 기업 활동을 포함한다.[8] 기업은 성과 관점에서 사회적 목표와 프로그램을 만들어서 이행해야 할 뿐 아니라 모든 의사결정·정책·실행에 윤리적 민감성이 융합되어야 하며, 사회적 성과는 우리가 양·질·효과성·효율성을 포함한 사업성과를 평가하는 기준을 총망라한 관점을 시사한다.

시대에 따라 CSR에 대한 정의가 변화하였는데 1950년대에서 1960년대 기업의 사회적 책임은 경제적 이익의 극대화였으며, 1960년대와 1970년대는 사회운동이 활성화되면서 주로 기업의 법적 책임이 강조되는 시기였다. 1980년대와 1990년대에는 기업의 윤리적 책임이 강조되다가 1990년대에서 2000년대에는 기업을 다른 사회의 구성원과 같이 사회에 대한 의무와 규범을 준수할 책임이 있다고 보는 관점으로 변천하였다[9].

키츠뮬러와 심섁(Kitzmueller and Shimshack)은 2012년 기존 문헌에서

---

7) Carroll (1979)의 정의에 따른다.
8) Wartick and Cochran (1985), Wood (1991), Clarkson (1998)의 정의에 따른다.
9) 이기훈·이의영(2011)에서 인용한다.

보험경영과 윤리

사용하는 정의들에서 두 가지 특징을 지적하였는데, CSR은 관찰 가능하고 측정 가능한 행동이나 결과를 통해 나타난다는 점과 CSR은 규제나 법에 의해 강제되는 기준을 넘어서는 수준이어야 한다는 점이다. 이들은 CSR을 해당 시장이나 경제에서 적용되는 법적·규제적 기준을 넘어서는 기업의 사회적·환경적 행동으로 정의하고 있는 것이다.

유럽연합은 CSR을 기업들이 더 좋은 사회와 더 깨끗한 환경을 이루기 위하여 자발적으로 수행하는 프로그램이라고 정의하고, 홉킨스(Hopkins)는 2004년 국제노동기구(ILO) 발표논문에서 CSR을 기업의 이해당사자들을 윤리적이고 책임감 있게 대처하는 것에 관련되어 있다고 보며, OECD는 다국적기업들이 경제적·환경적·사회적 발전을 만들고 다양한 기업운영에 발생되는 어려움을 최소화하려는 긍정적인 기여 활동으로 본다. 반면에 힐(Heal)은 2005년 경제적·재무적 관점에서 CSR을 외생적인 비용의 범위를 줄이거나 분배상의 갈등을 피하고자 하는 활동을 포함하며, 그 역할을 경제원칙에 입각하여 기업과 사회 그리고 기업의 당사자들 간의 갈등을 최소화하는 것으로 정의하였다.

한편 CSR은 모든 기업에 적용되는 사회적 책임이지만 기업의 규모에 따라 접근 방법이 다를 수 있다. 중소기업청의 '중소기업 CSR 실태조사'에 의하면 중소기업의 CSR에 대한 인지도는 2011년 84%, 2013년 86.4%에서 2015년 93.6%로 꾸준히 상승하고 있지만, CSR을 추진하는 업체 수는 전체 중소기업의 31.8%(2011년), 47%(2013년), 47.4%(2015

년)로 담보 상태인 것으로 보고되었다.[10] 중소기업은 대체로 대기업에 비해서 인적·물적 자원이 제한되어 있으며, 소유와 경영이 분리되어 있지 않고, 공식적인 네트워크보다는 비공식적인 인적 네트워크에 의존하며, 기업의 리스크 분산이 상대적으로 어려운 점 등의 특성을 지니고 있기에 대기업과는 다른 접근 방법을 필요로 한다.[11]

이처럼 CSR에 대한 여러 주장과 이론이 있을 수 있지만 이들은 각각 서로 독립적이거나 배타적이라기보다는 상호보완적이라 하겠다.

CSR의 분류

널리 이용되는 CSR의 분류는 캐롤(A. Carroll)의 분류인데, 그는 기업의 사회적 책임을 경제적 책임, 법적 책임, 윤리적 책임, 자선적 책임으로 분류하였다.[12]

경제적 책임은 사회적으로 필요한 제품과 서비스를 생산하여 적절한 가격에 판매하고, 그 결과 기업을 계속 영위하고 투자자들에게 보상이나 이윤을 창출하는 책임을 말한다. 법적 책임은 기업의 운영이 사회의 법과 규범을 준수하며 공정한 규칙 속에서 이루어져야 한다는 것을 말한다. 기업이 국가경제 및 국민 생활에서 차지하는 비중이 점점 더 커지고 그 영향력도 커지자, 사회는 기업에게 경제적 책임과 법적 책임 외

---

10) 중소기업청, 보도자료, 2016.10.28.
11) 황호찬(2007)에서 인용한다.
12) Carroll (1979, 1991)에 따른다.

에 그 이상의 것을 요구하게 되었다. 즉, 윤리적 책임과 자선적 책임이 그것이다. 윤리적 책임이란 비록 법적으로 공식화되지는 않았지만 사회가 기대하는 소비자·근로자·투자자 등의 기대, 기준, 가치에 합당하는 행동을 해야 할 책임을 의미하는 것이다. 또한 자선적 책임이란 기업이 경영 활동과는 직접적인 관련이 없는 문화 활동, 기부, 자원봉사 등을 수행해야 할 책임을 의미한다.

〈표 1.2〉 기업의 사회적 책임의 네 가지 유형

CSR의 네 가지 유형과 세부 요소	
경제적 책임 (Economic Responsibilities)	수익극대화와 일관된 방식으로 수행 수익성이 유지되도록 전념 강한 경쟁력 유지 높은 수준의 영업효율성 유지 일관된 수익성으로 정의되는 성공적 기업
법적 책임 (Legal Responsibilities)	법과 정부의 기대와 일관된 방식의 수행 다양한 국가적·지역적 규제에 부응 법규를 준수하는 기업시민이 됨 법적 의무를 충족하는 성공적 기업으로 정의됨 최소법적요건을 충족하는 제품과 서비스 제공
윤리적 책임 (Ethical Responsibilities)	사회도덕과 윤리규범 기대에 일관된 방식으로 수행 사회에서 채택하는 새로운/진화된 윤리규범 존중 윤리규범이 기업목표 달성을 위해 타협하는 것 방지 도덕적·윤리적 기대치에 부합되는 기업시민이 됨 기업신뢰와 윤리적 행위는 법규 준수를 넘어선다는 인식을 함
자선적 책임[13] (Philanthropic Responsibilities)	사회의 자선적 기대와 일관된 방식으로 수행 미술 및 공연예술을 지원함 임직원이 지역사회의 자발적·자선적 활동에 참여 사립 및 공립 교육기관에 지원을 제공 지역사회의 '삶의 질'을 높이는 프로젝트에 자발적 지원

출처: Carroll (1991)

---

13) 재량적 책임(discretionary responsibilities)이라 부르기도 한다.

CSR 이론: 부정론과 긍정론

기업이 존속하여 경영 활동을 하기 위해서는 반드시 목표를 설정할 필요가 있으며, 이는 기업의 사회적 책임의 범위에 큰 영향을 미친다. 기업의 목표란 기업이 경영 활동에 의해 추구해야 할 최종 목표인 동시에 경영 활동의 지표이며, 여기에는 두 가지의 상반된 견해가 존재한다.

그 하나는 경제체제라는 환경 조건을 중시하여 기업목표를 불변의 주어진 여건이라고 생각하는 견해로 '이윤극대화'를 목표로 한정하는 견해이다. 이 견해는 CSR 부정론에 속하며, 기업을 자본주의 경제체제에서 영리적 상품 생산을 목적으로 하는 조직체로 인식하여 기업 활동의 목적을 이윤극대화로 설정한다. 시장에 참여하는 모든 기업이 이윤극대화 행동을 따른다면 이윤이 최대화되는 기업으로 자본이 흘러갈 것이며, 이는 자본의 유효한 활용과 사회 전체의 합리적 발전을 도모한다는 것이다.

이렇게 CSR을 부정하는 대표적 학자로는 프리드먼(M. Friedman), 하이에크(F. A. Hayek), 레비트(T. Levitt) 등이 있다. 예를 들면, 프리드먼은 1962년 그의 저서 '자본주의와 자유(Capitalism and Freedom)'에서 기업의 사회적 책임을 사기와 기만이 없는 자유로운 경쟁하에서 수중(手中)의 자원을 사용하여 이윤을 극대화하기 위해 계획된 모든 활동에 종사하는 것으로 정의하고, 만일 경영자가 이를 게을리하고 다른 사회적 책임을 수용하는 일은 자유경쟁사회를 붕괴시키는 것이라고 주장한다. 또한 경영자가 사회적 책임을 져야 한다면 이는 공복(公僕)으로 변화된 것이기 때문에 주주에 의해 선출될 것이 아니라 국민선거에서 선출되어야 마땅하며 의사결정능력을 상실하게 될 것이라고 우려한다.

또 다른 견해는 기업의 목표를 환경 변화에 적응하기 위해 적절하게 설정하는 것으로서 다양하며 변동적으로 보는 것으로 'CSR 긍정론'이라 불리는데, 이윤극대화가 기업의 목표에는 틀림없지만 목표의 일부에 지나지 않으며 현실적으로 기업들은 다수의 목적을 가지고 있다고 주장한다. 이처럼 기업의 '목표 다원화 행동 가설'의 입장을 견지하면서 CSR 긍정론을 주장하는 대표적 학자로는 드러커(P. Drucker)를 들 수 있다.

드러커는 기업이 사회 구성원의 하나인 이상 기업목표는 사회의 질을 향상시킬 수 있도록 설정되어야 한다고 주장하고, 가장 중요한 것으로 '고객의 창조'를 들고 있다. 이외에도 시장에서의 지위 확보, 혁신으로 생존에 필요한 환경 창조, 생산성 향상, 최저필요 이윤율의 유지, 종업원의 육성, 공공적 책임의 수행 등을 기업의 목표로 열거하고 있다. 다만 드러커도 이윤을 기업의 최상위 목표로는 부정하지만, 이윤의 존재와 기능은 부정하지 않는다.[14]

한편 CSR에 대한 이론 및 접근 방법이 다양하게 시도되어 왔는데 개리가와 멜레(Garriga and Mele)는 이를 도구적 이론, 정치적 이론, 통합적

---

14) Drucker (1955, 1974) 참조.

이론, 윤리적 이론 등 네 가지로 나누어 설명하고 있다.[15]

첫째, 도구적 이론에 의하면 기업의 사회적 책임 활동은 경제적 목적을 달성하기 위한 수단이라는 것이다. 즉, 주주가치의 극대화, 또는 경쟁적 우위를 점하기 위한 전략의 일환으로 CSR을 보는 것이다. 이 경우 경영자는 주주를 대신하여 고용된 대리인이며, 경영자는 기업의 소유주인 주주의 부가 극대화되도록 책임을 다하여야 한다.

둘째, 정치적 이론은 기업에게는 정치적 파워가 있으므로 CSR의 증진이 기업의 중요한 책무임을 강조한다. 기업과 사회 사이에는 일종의 무형의 계약이 존재한다고 가정하며, 개인과 마찬가지로 기업 역시 지역사회에 적극적으로 참여함으로써 기업시민의 역할을 충실히 수행해야 함을 주장한다.

셋째, 통합적 이론은 기업이 사회적 요구를 통합할 의무가 있음에 초점을 둔다. 왜냐하면 기업의 존재 및 발전은 사회에 의존하기 때문이다. 이 이론에 의거하여 사회 및 정치적 이슈에 대한 기업의 반응, 이해관계자의 이익 조정, 기업의 사회적 성과 등이 논의된다. 이 이론은 기업을 여러 이해관계자에게 영향을 주고 또 그들로부터 영향을 받는 다원적인 사회적 조직으로 이해한다.

넷째, 윤리적 이론은 기업과 사회의 관계를 윤리적 가치에 두고 있으며, 기업이 지속가능한 조직으로 존재하기 위해서는 다양한 이해관계

---

15) Garriga and Mele (2004), Jensen and Meckling (1986), Wood and Lodgson (2002), Carroll (1979), Weaver and Trevino (1994) 등 참조.

보험경영과 윤리

자의 기여는 필수불가결한 요소이며, 주주뿐 아니라 다른 이해관계자 모두 기업 존속을 위한 수단이라기보다 목적으로서의 가치가 있다고 주장한다. 이에 따라 기업은 모든 이해관계자와의 관계에서 도덕적·윤리적 원칙을 수립하여 의사결정을 하여야 하는 것이다.

지속가능발전과 사회적 책임

지속가능발전의 개념

'지속가능발전(sustainable development)'은 초기에는 주로 환경문제들과 연관하여 논의되었으나, 추후 Brundtland Report[16]에 근거한 사회·경제 이슈들까지도 포괄하는 'Triple bottom line'[17] 개념을 강조함에 따라 사회적 책임 개념과 상호 교환 가능한 것으로 사용되었다. 이 개념에

---

16) WCED, *Our Common Future, Report of the World Commission on Environment and Development*, United Nations, 1987. Brundtland Report는 이 보고서의 별칭이다.

17) Triple bottom line(TBL) 회계는 전통적 보고체계인 재무적 성과에 사회적, 환경적 성과를 반영하도록 확대한 보고체계이다. 1981년 Freer Spreckley가 그의 저서 'Social Audit - A Management Tool for Co-operative Working'에서 처음으로 triple bottom line 이란 용어를 사용하였는데, 그는 기업들이 재무적 성과, 사회적 부의 창조, 그리고 환경적 책임을 측정하고 보고해야 한다고 주장했다. 그 후 triple bottom line이란 용어는 1997 년 John Elkington의 저서 'Cannibals with Forks: the Triple Bottom Line of 21st Century Business'에서 보다 명확히 개념화되었다.

의하면 지속가능발전은 3개의 기본 요건, 즉 경제성장, 생태적 균형, 사회적 발전을 전제로 하고 있다. 경제적 측면은 수익성, 임금, 복지, 자원 활용, 노동생산성, 일자리 창출, 인적 자본, 아웃소싱 비용 등을 포함하며, 환경적 측면에서는 생산과정·제품·서비스가 공기·물·토지·생물다양성·인간건강 등에 미치는 영향을, 그리고 사회적 측면에서는 작업장 안전 및 보건, 지역사회 관계, 종업원 유지, 노사관계, 기업윤리, 인권 등을 포함한다.

'지속가능발전'의 개념과 역사에 대하여 살펴보자. 오늘날 지구는 심각한 환경 위기에 처해 있으며, 수많은 자연 자원들이 사라져 가고 있는 상태이다. 한편으로는 전 세계의 사람들 모두가 잘 먹고 잘 사는 것을 갈망한다. 특히 저개발 국가들은 산업 발전을 통해 자국의 빈곤 문제를 해결하려 하고 있다. 그러나 환경을 보호하고 자원을 절약하면서 전 세계의 균등한 발전을 이루기란 매우 어렵다.

'지속가능한 발전'은 바로 이 불가능할 것 같은 전 지구적인 문제를 해결하기 위해 제시된 새로운 개념이다. 유엔이 공식 표방하는 '지속가능한 발전'은 인구 증가와 경제성장으로 파생되는 전 지구적 문제를 해결하기 위해 자연과 공존하면서 풍요로운 삶을 누리고자 하는 의지에서 비롯되었다. 그 속에는 두 가지 의미를 담고 있다. 경제, 사회, 환경 변화에 중점을 두고 세계를 보는 방법과 경제 발전, 사회 통합, 환경의 지속가능성에 기초한 사람다운 삶에 대한 공유된 염원을 그리는 방법이다.

'지속가능한 발전' 이념은 1972년 6월 스톡홀름에서 열린 '유엔인간환경회의'에서 '하나뿐인 지구'라는 슬로건으로 지구환경 보전을 처음으로 세계 공통과제로 채택하면서 대두되었다. 이 회의에서 채택한 '유엔인간환경선언'에서는 각 나라가 자국 내의 경제적·사회적 활동이 다른 나라의 환경을 해치지 않도록 노력할 책임이 있음을 명시하여 '오염 인자 부담의 원칙'에 입각한 국제 환경문제 해결의 출발점이 되었다.

이후 1992년 6월 브라질 리우데자네이루에서 개최된 유엔환경개발회의(UNCED)에서는 지속가능한 발전의 목표 달성을 위해 기본 원칙을 담은 선언서를 발표하였는데 이를 '리우 선언(Rio Declaration)'이라고 한다. 리우 선언은 법적으로 제재를 가할 수 있는 구속력은 없지만, 지구환경 보존을 위한 이념적인 방향을 제시하는 역할을 하고 있으며 총 27개의 기본 원칙으로 구성되어 있다. 또한 이 회의에서는 리우 선언의 이행을 위한 실천 계획으로 어젠다(Agenda) 21도 함께 채택되었는데, 어젠다 21은 '21세기 지구환경보전 종합계획'으로 각국 정부의 행동 지침을 구체적 방안으로 제시하고 있으며 크게 사회·경제 부문, 자원의 보전 및 관리 부문, 주요 그룹의 역할 강화 부문, 이행 수단 부문 등에 대한 내용을 담고 있다(그림 1.2 참조).

〈그림 1.2〉 어젠다 21이 담고 있는 4개 부문의 내용

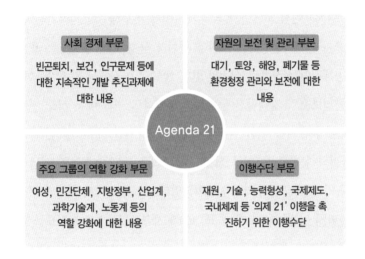

사회 경제 부문

빈곤퇴치, 보건, 인구문제 등에
대한 지속적인 개발 추진과제에
대한 내용

자원의 보전 및 관리 부분

대기, 토양, 해양, 폐기물 등
환경청정 관리와 보전에 대한
내용

Agenda 21

주요 그룹의 역할 강화 부문

여성, 민간단체, 지방정부, 산업계,
과학기술계, 노동계 등의
역할 강화에 대한 내용

이행수단 부문

재원, 기술, 능력형성, 국제제도,
국내체제 등 '의제 21' 이행을 촉
진하기 위한 이행수단

출처: 에듀넷 · 티-클리어

　지속가능한 발전은 세계에 대한 규범적 관점이기도 해서 지구가 추
구해야 하는 일련의 목표를 제시하고 있다. 세계 각국은 앞으로의 지
구 경제와 사회개발 과정에 '지속가능발전 목표(SDGs)'를 명확한 지침
으로 채택할 것이다. 이 규범적 (혹은 윤리적) 의미에서의 지속가능한 발
전이 희구하는 세상은 경제발전이 광범위하게 진행되고, 극단의 빈곤
이 사라지고, 지역사회를 튼튼하게 하는 정책을 통해 사회적 신뢰가
고취되고, 사람들이 유발한 훼손으로부터 환경을 보호하는 곳이다.[18]

---

18) 제프리 삭스(2015)에서 인용한다.

SDGs는 2012년 브라질 리우데자네이루에서 열린 '유엔지속가능발전회의(UNCSD)'에서 2015년 이후 국제사회가 추구해야할 지속가능한 발전 목표를 경제·환경뿐만 아니라 사회가 균형 있게 성장하는 포괄적이고 총체적인 성장으로 설정하였다. 2000년 이전에는 지속가능한 발전이 환경보호와 경제발전에 초점을 두었다면, 최근에는 사회 전체의 지속가능성 유지를 위한 인류의 보편적인 가치인 자유, 정의, 민주주의, 사회적 형평성 등 지구 전체가 궁극적으로 지향해야 할 이념까지도 지속가능한 발전의 의미에 포함되었다. UNCSD에서 채택된 의제는 2030년까지 이행하며, 17대 목표, 169개 세부 목표, 230개 지표를 담고 있으며, 사회를 통합해 주는 성장, 환경적으로 지속가능한 성장을 희구하는 것으로서 17대 목표는 다음과 같다.

1. 모든 곳에서 모든 형태의 빈곤 종식

2. 기아(飢餓) 종식, 식량 안보와 영양 개선 달성 및 지속가능한 농업 진흥

3. 모든 연령층의 모든 사람을 위한 건강한 삶 보장 및 복리 증진

4. 포용적이고 공평한 양질의 교육 보장 및 모두를 위한 평생학습 기회 증진

5. 양성평등 달성 및 모든 여성과 소녀의 권익 신장

6. 모두를 위한 물과 위생의 이용가능성 및 지속가능한 관리 보장

7. 모두를 위한 저렴하고 신뢰성 있으며 지속가능하고 현대적인 에

너지에 대한 접근 보장

8. 모두를 위한 지속적이고 포용적이며 지속가능한 경제성장 및 완전하고 생산적인 고용과 양질의 일자리 증진

9. 회복력 있는 사회기반시설 구축, 포용적이고 지속가능한 산업화 증진 및 혁신 촉진

10. 국가 내 및 국가 간 불평등 완화

11. 포용적이고 안전하며 회복력 있고 지속가능한 도시와 정주지(定住地) 조성

12. 지속가능한 소비 및 생산 양식 보장

13. 기후변화와 그 영향을 방지하기 위한 긴급한 행동의 실시

14. 지속가능개발을 위한 대양, 바다 및 해양자원 보존 및 지속가능한 사용

15. 육상 생태계의 보호, 복원 및 지속가능한 이용 증진, 산림의 지속가능한 관리, 사막화 방지, 토지 황폐화 중지 및 역전(逆轉), 생물다양성 손실 중지

16. 모든 수준에서 지속가능개발을 위한 평화롭고 포용적인 사회 증진, 모두에게 정의에 대한 접근 제공 및 효과적이고 책임 있으며 포용적인 제도 구축

17. 이행수단 강화 및 지속가능개발을 위한 글로벌 파트너십 활성화

'지속가능발전'은 정부의 강력한 개입을 내포하는 반면, '사회적 책임'은 기업의 자발적·자율적 관여를 전제로 한다. 한편으로 '지속가능

발전'은 환경에 초점을 맞춘 개념으로 보고, '사회적 책임'은 사회적 측면으로 초점을 맞추는 견해가 지배적이다. 위의 지속가능발전을 위한 17대 목표를 보면 기업의 자율적 수준에서 이룰 수 있는 목표는 거의 없다. 한 국가의 농업 문제, 복지 문제, 환경 및 생태계 문제, 노동 문제, 소비자와 생산자 문제, 불평등 문제 등은 정부 차원의 집행 및 구속력 없이는 이루기 어려운 게 현실이다.

지속가능경영

1960년대에서 1980년대 초반에 이르기까지 한국은 정책적 우선순위를 경제개발에 두고 있었다고 볼 수 있으며, 이에 따라 환경보호나 환경보전의 논리는 뒷전에 밀려나 있었다. 환경오염 문제는 경제개발 논리에 입각한 정책 집행의 당연한 결과로서 모든 경제활동의 부산물로 나타나는 것으로 인식되고 있었다. 이러한 시각에서는 인구 증가와 산업 발전 등에 따라 경제활동이 양적·질적으로 확대·고도화될수록 환경오염은 심각해진다는 결론에 도달하게 되어 논리적으로 환경보존과 경제개발은 상충관계에 있다고 간주하게 된다.

그러나 오늘날 환경문제는 단순히 경제적 발전과의 상충관계 문제로 이해하거나 해결이 어려운 문제로 치부하여 방관만 하고 있을 수 없는 상태에 이르렀다. 게다가 이제는 일반 대중에게도 환경문제가 심각한 문제로 인식되고 있다. 환경부가 2013년에 실시한 '환경보전에 관한 국민의식조사' 결과에 의하면, 응답자의 95퍼센트가 환경문제 전반에 대해 심각한 우려를 나타내어 5년 전 88.5퍼센트에 비해 대폭 상승하였다.[19] 환경보전보다는 단기 성장을 통한 이윤만을 추구했던 1980년대의 전통적 경영, 이것의 폐해로 나타난 광범위한 지역의 환경오염과 이상기후변화의 피해를 감소시키기 위해 경제와 환경의 조화를 강조했던 1990년대의 환경적 경영을 거쳐 2000년대에는 지속가능경영의 시대가 왔다.

지속가능경영(CSM: Corporate Sustainability Management)이란 지속가능한 발전을 지향하는 시대적 요구를 반영하여 기업을 경영하는 방식이다. 기업가치의 지속적인 유지 및 증대라는 경영 목표를 달성하기 위해 지구 생태계를 파괴하지 않는 범위 내에서 발전을 도모하고 경제적 이윤을 획득하여 국가경제에 기여하는 것뿐만 아니라, 인간지향적인 윤리적 태도로 사회적 정의 실현, 사회복지 추구 등 사회적 책임을 다하는 것이다. 즉 환경, 경제, 사회 요소를 고려하여 경영계획을 세우고 자원을 효율적으로 배분하는 활동이라 할 수 있다. 이러한 지속가능경영의 개념도 CSR의 틀 내에서 수행되는 기업의 경영 방식이라 할 수 있다.

'지속가능성'은 전 세계 모든 산업 영역에서 기업 활동의 전략적 핵심으로 자리 잡았다. 일부는 이를 기업경영의 최근 추세로 인식하고 있는 반면에, 다른 이들은 지속가능성을 이미 진행 중인 사업모형의 혁명

---

19) 환경부(2014년) 참조

으로 이해하고 있다. 이러한 발전의 요점은 지속가능 사업모형이 환경적 책임과 경제적 책임을 분리시키지 않는다는 것이다. 이런 관점에서 지속가능 정책과 관행 그리고 제품을 추구하는 것은 경제적으로 합리적인 것이다. 실로 지속가능성은 많은 벤처 기업과 창의적 기업이 추구하고 있는 미래의 비전을 제공한다.

사회적 책임과
윤리적 경영

윤리경영의 개념

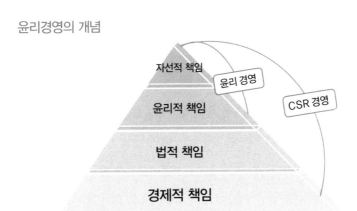

〈그림 1.3〉 CSR의 분류, CSR 경영 및 윤리경영

윤리경영이란 기업이 시장의 윤리, 즉 시장의 질서를 준수하는 동시에 사회적 실체로서 권리와 의무를 다하는 경영을 의미한다. 즉, 법과

제도의 준수는 물론이고 시대마다 조금씩 다르게 요구되는 기업의 사회적 책임을 다하는 경영을 의미하는 것이다. 그러므로 기업의 사회적 책임은 기업이 윤리경영을 수행하기 위한 전제조건이 된다. 윤리경영과 CSR을 같은 의미로 보고 혼용하는 경우가 있으나, 엄격한 의미로 보자면, 윤리경영은 CSR 경영이라고 할 수 있지만 CSR 경영을 윤리경영이라고 말하는 것은 무리가 있다. 왜냐하면 윤리경영은 기업이 수행해야 하는 보다 높은 차원의 사회적 책임을 요구하기 때문이다.

윤리경영의 필요성

윤리경영에 대한 전환점이 된 것은 2001년 12월 미국의 에너지기업 엔론(Enron)의 파산과 2002년 7월 통신회사인 월드컴(WorldCom)의 파산으로 대표되는 회계부정 사건으로, 이 사건들로 인하여 전 세계적으로 기업의 경영에 윤리경영의 필요성이 심각하게 대두되었다. 또한 한때 일본의 최대 식품회사였던 유끼지루시(雪印)유업은 2001년 위생불량 우유로 인한 집단 식중독 발생과 2002년 수입산 쇠고기를 국내산으로 속여 팔다가 소비자들의 불매운동 등으로 결국 2002년에 파산하였다. 이처럼 비리를 저지른 기업이 그 규모의 대소를 막론하고 시장 최고형(最高刑)인 퇴출 명령을 받게 된 것은 CEO나 임직원 그리고 산업계가 윤리경영을 해야 한다는 각성(覺醒)을 하기에 충분하다.

최근 국내 소비자들의 인식을 조사한 결과 '기업은 윤리경영 실천 의무가 있다.'고 답한 응답자가 90퍼센트인 반면에, 국내 기업이 '윤리경영을 잘하고 있다.'고 답한 소비자는 16퍼센트에 그쳐 국내 기업에 대한 인식이 부정적임을 알 수 있다. 윤리경영에 따른 소비자들의 제품 구매 욕구에 있어서도 71퍼센트는 '비윤리적인 기업의 제품은 구매하지 않으려 노력한다.'고 응답하였다.[20] 이처럼 소비자들이 기업의 윤리성을 의식하여 구매 결정에 반영하는 추세가 확대되고 있다.

국내 주요 기업들은 매년 수천억 원의 사회공헌사업을 수행하고 있다. 여러 사회단체들을 직·간접적으로 돕고 있으며, 어린이급식 프로그램, 무주택자 지원 프로그램 등 기업이 사회 곳곳에서 펼치고 있는 사회공헌 프로그램은 다양하고 활동 반경도 매우 넓다. 그럼에도 불구하고 기업들에 대한 일부 시민단체와 국민들의 시선은 그다지 호의적이지 않다. 이것이야말로 우리 기업들이 풀어야 할 가장 시급한 과제이다.

윤리경영은 이러한 기본적이며 시급한 과제를 풀기 위한 근본적 기업개혁 프로그램이 될 수 있다. 그것도 외부의 요구나 강제 규제에 의한 개혁 프로그램이 아닌 자율적이면서도 사회의 요구에 합치되는 기업 자체의 개혁 프로그램의 실행은 기업을 의심하는 눈초리에 효과적으로 대응할 수 있는 방안이 될 것이다.

---

20) 제일기획 소비자 조사(중앙일보 2013.07.25. 보도) 인용.

Ethics in Insurance Management

제2부

기업윤리는
보험경영에 필요한가?

앞에서 논의한 기업의 사회적 책임의 높은 단계인 윤리적 책임과 자선적 책임을 아우르는 경영 방식을 '윤리경영'이라 정의하였고, 21세기 들어 전 세계적으로 필요성이 대두되어 모든 기업들이 윤리경영을 표방하고 실행하기에 이르렀다. 이러한 윤리경영의 바탕에는 윤리라는 개념이 자리하고 있으며 이를 '기업윤리'라 부른다. 기업윤리 개념의 역사적 변천과 국가별로 상이한 발전 과정을 통하여 보험경영에 윤리경영이 왜 필요한지에 대하여 살펴보도록 한다.

윤리의 개념과 이론

윤리의 개념

윤리란 단어는 내적 성격을 의미하는 그리스어의 'ethos'에서 유래되었으며, 라틴어로는 영어의 도덕(moral)에 해당하는 'mos'나 'moris'로 번역하여 사용해 왔다. 그러다가 로마시대에 와서 습관적 행동으로 전환된 개념으로, 오늘날 특정 인물이나 문화 및 집단의 성격 또는 태도를 식별하는 개념으로 쓰이고 있다.[1]

윤리에 있어서 중요하게 대두되는 문제는 그것이 적용되는 대상이나 시간에 따른 가변성이다. 고대, 중세, 근대의 윤리가 현대의 윤리와 다

---

1) Solomon (1984), Whaw (1991) 참조.

르고 국가윤리와 개인윤리, 사회윤리가 그 대상에 따라 조금씩 차이가 있듯이 윤리도 다르게 적용된다. 즉, 윤리는 보편타당한 성격이나 습관을 나타내는 의미일 뿐만 아니라, 시대적 상황이나 대상에 따라 달리 적용되고 선택될 수 있는 인간 행위에 관한 규범인 것이다. 따라서 윤리의 문제를 다룰 때 주의해야 할 점은 서로 다른 영역들이 존재할 때 어느 한 영역의 윤리를 다른 영역에 일방적으로 적용할 수 없으며, 이러한 일방적인 잣대의 윤리로 다양한 윤리의 모습을 부인하는 것은 적절하다고 할 수 없다는 점이다.

적용 대상에 따라 달라지는 윤리의 모습을 살펴보자. 국가경영의 윤리는 국가 최고지도부 또는 관료조직이 어떻게 국가라는 광범위한 영역을 이끌어 갈 것인가에 대한 윤리이다. 국가윤리는 국가 내에 존재하는 모든 구성원에 적용된다. 현대 자유민주주의 사회에서의 국가윤리 중 최고의 덕목으로 볼 수 있는 것은 '다원주의'에 대한 제도적 보장과 '시장경제'의 확고한 추진이라고 볼 수 있을 것이다. 그러나 현대 국가 이전의 고대, 중세, 근대 국가가 지향했던 윤리는 현대 국가의 윤리와는 엄청난 차이를 보였고, 표현되는 방식도 많이 변화되어 왔다.

개인의 윤리 역시 시대에 따라 많은 변화를 거쳤다. 우리나라만 보더라도 불교적 인간관, 유교적 인간관, 기독교적 인간관 등 사회 환경에 따라 추구해 온 윤리적 인간관이 저마다 달랐다. 즉, 개인과 개인, 개인과 사회, 개인과 국가 등 개인을 둘러싸고 있는 환경에 따라 개인이 지향해야 할 윤리적 인간관이 달랐던 것이다. 반면 시대나 개별기업,

지역에 상관없이 확고부동한 것이 존재하는데, 그것은 기업의 목적 또는 존재 의의로서 수익 창출과 이를 통해 국가경제에 기여하는 것이다. 이러한 경제적 책임 완수에 대한 이해 없는 기업윤리에 대한 접근은 기업이 단지 사회공헌활동을 열심히 하고 사회복지활동에 관심을 쏟는 것을 윤리경영으로 오해할 수 있는 가능성이 존재하는 것이다.[2]

요컨대 국가, 개인, 기업의 영역이 존재하는 한 그 영역을 지배하는 윤리는 다를 수밖에 없고, 그 차이를 인정하지 않는 특정영역 윤리의 강요는 결국 비윤리로 귀결되고 마는 것이다. 그러므로 국가의 윤리나 개인의 윤리, 기업의 윤리는 다른 것이고, 그 차이를 인정하면서 개별 실체에 대한 정확한 이해가 우선되어야만 해당 영역의 윤리에 보다 가깝게 접근할 수 있을 것이다.

윤리 이론

일반적으로 윤리에 관한 이론을 크게 분류하면 '규칙의 윤리'와 '덕의 윤리'로 나눌 수 있다. 규칙의 윤리는 옳고 그른 것을 기준으로 도덕적 의무의 판단을 다루는 반면, 덕의 윤리는 선과 악에 초점을 두어 도덕적 가치의 판단에 기초를 둔다. 〈표 2.1〉은 이를 요약하고 있다.

규칙의 윤리는 도덕적 의무에 초점이 있다. 의무론적 접근에 의하면 옳고 그른 판단의 기준이 행위 자체에 있고 행위로 인한 결과에 있지

---

2) 남경완(2003)에서 인용.

않다. 예를 들어 칸트의 '정언 명령(categorical imperative)'에 의하면 인간은 그 자체가 목적으로 취급되어야지 수단으로 취급되어서는 안 되며, 이 명령에 따른 행동은 비록 가장 큰 행복을 보장하지 않는다 하더라도 도덕적으로 옳다. 이에 비해 목적론적 접근은 행위 자체보다는 그 행위의 결과에 더 초점을 둔다. 공리주의는 목적론적인 접근법에 의한 윤리기준으로, 이에 의하면 행위와는 상관없이 그 행위의 결과가 최대의 선(또는 행복)을 가져다주는 것이라면 그것은 도덕적으로 옳다고 주장한다.

〈표 2.1〉 규칙의 윤리와 덕의 윤리

구분	규칙의 윤리(Ethics of Rules)		덕의 윤리(Ethics of Virtue)	
주제	도덕적 의무의 판단 무엇을 해야 하는가? (right, wrong)		도덕적 가치의 판단 어떤 사람이 되어야 하는가? (good, bad)	
접근방법	원리적 접근 (의무론) 원칙에 중점	결과적 접근 (목적론) 결과에 중점	원리적 접근 덕 자체	결과적 접근 타인을 고려
원칙	권리, 의무, 정의	공리주의	자연	정의, 용기, 성실
대표적 학자	칸트, 로스, 롤스	벤담, 밀	스토아학파	아리스토텔레스, 맥킨타이어

출처: 황호찬(1998)

의무론적 윤리 이론은 절대주의적 윤리설과 동일한 의미를 지닌 것으로서 목적론적 윤리이론, 결과론적 윤리이론, 상대적인 윤리이론과는 접근 방법이 상이하다. 의무론적 윤리이론은 두 가지의 의미를 갖는데, 첫째는 범문화적 논리에 바탕을 둔 것으로서 한 사회에서 적용되는 행위의 규칙인 도덕규범은 그것이 무엇이든 간에 시간과 장소를 초월하여 모든 사람에게 적용되는 도덕규범이 있다고 보는 관점이다. 둘째는 도덕규범이 의무론적 혹은 절대적이라는 의미로 그 규범이 어떠한 예외도 갖지 않는다는 것을 의미한다는 점이다.

목적론적 접근인 결과주의 윤리이론은 행위의 결과에 기초해서 판단하는 윤리이론으로서 도덕적 딜레마에 직면할 경우 결과주의의 지침을 따르는 이론이다. 즉, 인간은 선한 결과를 최대화하는 행위를 선택해야만 한다. 또한 사람들은 선한 결과를 최대화하기 위해서 살아야 한다. 이러한 결과주의 윤리이론은 "사람들은 인간 복지 혹은 행복을 최대화해야 한다."는 공리주의(Utilitarianism)나 "사람들은 인간의 쾌락을 최대화해야 한다."는 쾌락주의(Hedonism) 형식을 갖는다.

벤담(J. Bentham)이 주장한 공리주의는 주어진 상황에서 윤리적으로 올바른 선택은 가장 많은 행복을 산출하는 것이고, 적어도 다수에 대한 최소한의 불행 산출이다. 그러므로 공리주의에 입각한 행위는 오직 결과에 의해서만 옳고 그름을 판단할 수 있으며, 결과 평가의 유일한 기준은 행위에 의해 생겨날 행복과 불행의 양이다. 여기서 행복, 불행의 양 계산 시 어떤 사람의 행복도 다른 사람의 행복보다 더 중요한 것으로 계산되어서는 안 된다.

벤담과는 달리 밀(J. S. Mill)은 벤담의 양적 공리주의를 부정하고 질적 공리주의를 주장한다. 쾌락은 양적 차이뿐만 아니라 질적인 차이가 존재하고 더욱이 양보다 질이 더 중요하다는 것이다. 비록 밀이 쾌락에 대하여 벤담과의 다른 주장을 한다 해도 공리주의의 기본원리를 부정하는 것은 아니다. 밀은 쾌락과 고통이 인간 행동의 유일한 동기라는 것을 고수한다. 단지 차이가 있다면 쾌락의 질적 차이다. 밀에게는 감각적 쾌락보다는 정신적 쾌락이 더 중요하다. 일반적으로 저급한 쾌락을 고집하는 사람은 아직 그들이 정신적 쾌락을 경험해 보지 못한 것이다. 그의 생각은 "만족해하는 돼지보다 불만족스러워하는 인간이 되는 것이 더 바람직하고, 만족한 바보보다는 불만족스러움을 느끼는 소크라테스와 같은 사람이 되는 것이 더 바람직하다."는 유명한 말로 요약할 수 있다.

앞의 규칙의 윤리가 '무엇을 해야 하는가?'라는 의무에 초점을 둔다면, 덕의 윤리는 '어떤 사람이 되어야 하는가?'라는 가치 판단에 초점을 둔다. 만일 규칙을 단지 의무감에서 지킨다면 그것은 규칙을 지켰다는 사실 이외에 행위의 당사자가 어떤 사람인가는 설명하지 않는다. 반면에 덕(德)이란 행위의 당사자가 어떤 사람인가를 설명한다. 이러한 덕은 한두 번 옳은 일을 한 것에 의해 형성되었다기보다는 오랫동안 규칙적으로 반복함으로써 '습관화'된 개인의 인격적 특성을 의미한다.[3]

---

3) 사하키안(1986)에서 인용.

덕의 윤리를 주장하는 사람들은 규칙들(옳은 행위의 규칙, 정의의 규칙, 유용성의 규칙)이 강조되는 것을 불만스럽게 생각한다. 이들은 도덕적 삶의 본질적인 핵심은 '우리가 어떤 규칙을 준수해야 하는가?'라는 것이 아니라 '우리가 어떤 종류의 사람이 되어야 하는가?'라는 것이라고 믿는다. 즉, 도덕적 개인은 무조건 규칙에 따르는 자가 아니라 훌륭한 개인, 훌륭한 시민으로서의 특성을 지니고 있는 사람이다. 이러한 개인은 우리의 도덕적 삶의 세세한 부분까지도 진지하게 고려하며 특수한 상황에서 적절한 행위를 할 수 있는 성향을 지니고 있는 사람이다.

덕의 윤리를 대표하는 인물인 맥킨타이어(A. MacIntyre)는 덕에 대해 우리의 삶을 구성하는 많은 관행들(가족과 관련된 관행, 사업상의 관행, 종교적 관행, 지역 및 국가와 관련된 관행 등) 안에 내재해 있으며, 또한 이들로부터 생겨나는 여러 가치들을 성취할 수 있도록 해 주는 일종의 특징적인 성향이라고 간주한다. 덕이 있는 사람은 좋은 부모 또는 자식이며, 좋은 상인이고 법률가이며, 좋은 교사이며, 좋은 정치가이기도 하다. 그리스 시대 윤리(ethos)라는 말이 아리스토텔레스에서 유래했듯이 그는 윤리학을 정치학의 일부로 영역화했다. 즉, 덕이 무엇인가를 알면 그것을 개인의 덕목으로 하여 실현할 뿐만 아니라 사회 전체로 넓혀서 실현하는 것이 정치의 역할이라는 것이다. 윤리를 사회 전체로 넓히는 일, 곧 이것은 윤리학이 정치학으로 이행한다는 것을 의미한다.

규칙 윤리와 덕 윤리는 상호 배타적이라기보다는 상호 보완적이다[4]. 그것은 한편으로는 규칙 윤리만으로 모든 윤리행위를 규정화할 수 없기 때문이며, 다른 한편으로는 덕의 윤리만으로 객관적 기준을 제시하기 어렵기 때문이다. 따라서 규칙 윤리와 덕 윤리를 통합하여 윤리의식을 제고해야 할 것이다.

---

4) Cavanaugh, et al. (1981) 참조.

기업윤리의
정의와 역사

기업윤리란 도덕적 행위의 기준을 기업경영의 실제 상황에 적용하는 것이다. 기업의 경영에 있어서 기업윤리에 관한 개념이 등장한 것은 1960년대로 거슬러 올라가며 지난 50년간 지속적으로 발전되어 왔다.

아래 〈표 2.2〉는 그동안 미국의 기업환경에 발생한 극적인 변화들을 보여 준다. 즉, 근로자들의 발언권이 커지면서 무책임하거나 비윤리적으로 간주되는 고용주의 행위에 대하여 개별 근로자들이 더욱 편하게 목소리를 내게 되었으며, 근로자들은 위험한 근로 여건, 차별대우, 사생활 침해 등의 문제들에 대해 법정 해결책을 기꺼이 찾게 되었다. '기업의 사회적 책임' 이슈는 추상적 논쟁에서 시작하여 확고한 법적 책임이 있는 핵심적인 성과평가 이슈로 발전해 왔다.

기업윤리는 법무부서나 인적자원부서의 영역에서 명확한 권한을 부여받은 기업윤리 임원이 담당하는 조직의 주요 업무로 이전되었다. 윤리규범은 장식용 홍보문서였던 것이 이제는 점점 많은 조직들이 이해관계자들과 공유하는 성과측정 문서로 바뀌었다.

2002년 제정된 사베인스-옥슬리 법(Sarbanes-Oxley Act)은 대표이사와 이사들에게 그들이 대표하는 조직의 재무성과 기록에 대해 서명할 때에 책임을 더 지게 했다.

〈표 2.2〉 미국 기업윤리의 역사

시대	윤리적 환경	주요 윤리문제	기업윤리 발전
1960년대	사회불안. 반전(反戰)정서. 근로자들은 경영진과 적대적 관계. 가치관이 고용주에 대한 충성에서 발상(發想)에 대한 충성으로 전환. 과거 가치들은 없애 버림.	• 환경문제 • 노사 간 긴장 증대 • '시민권리' 문제 지배적 • 정직성 • 근로윤리의 변화 • 마약 사용 확대	• 회사들은 행위규범 제정 • 사회적 책임 운동 태동 • 기업들은 법무 또는 인사 부서를 통해 윤리를 다룸.
1970년대	방위산업체와 주요 산업들이 스캔들에 휩싸임. 경제는 침체로 고통받음. 실업률 증대. 환경문제에 대한 우려 점증. 대중은 기업들로 하여금 윤리적 결함에 대한 책임을 요구.	• 근로자들은 호전적(경영진과의 사고방식 차이) • 인권문제 부상(강제노동, 수준 이하의 임금, 위험한 관행) • 일부 기업들은 문제를 바로잡기보다는 덮어버림.	• 윤리자원센터(ERC) 설립(1977) • 법규 준수 강조 • 연방부패방지법(Federal Corrupt Practices Act) 통과(1977) • 가치운동 시작으로 윤리의 '준법' 위주에서 '가치' 중심으로 전환.

1980년대	노사 간의 사회적 계약 재정의. 방위산업체는 엄격한 규칙에 따라야 함. 기업들은 사업 축소하고 근로자들의 고용주에 대한 충성심 와해됨. 건강관리윤리 강조됨.	• 뇌물과 불법적 계약 관행 • 불법적 영향력 행사 • 허위광고 • 금융사기 (저축대부조합 스캔들) • 투명성 문제 발생	• ERC는 공무원 윤리규정 제정(1980) • General Dynamics에 최초로 ERC 기업윤리 사무소 설치(1985) • 방위산업 이니셔티브 설립 • 일부 회사들은 윤리담당관 역할 외에 옴부즈맨 직 신설.
1990년대	국제적 확대로 새로운 윤리적 도전. 아동근로, 뇌물, 환경이 주요 이슈. 인터넷의 출현으로 문화적 경계가 허물어짐. 금지되었던 것들이 일상화.	• 제3세계 국가들에 위험한 근로 관행 • 인적 손해에 대한 기업의 배상책임 증대(담배회사, 다우케미칼) • 재정관리 부실 및 사기	• 연방선고지침(1991) • 집단소송 • 국제 비인종차별적 고용원칙(1999) • ERC의 국제적 기업윤리센터 설립 • 로얄더치쉘 윤리경영에 관한 연차보고서 발간 시작
2000년대		• 사이버 범죄 • 기업의 배상책임 확대 • 개인정보보호 이슈 • 재정관리 부실 • 국제적 부패 • 사생활 상실(근로자 대 고용주) • 지적재산 절도	• 기업규제를 통한 윤리적 안전장치 강화 의무화 • 반부패 노력의 성장 • 기업의 사회적 책임(CSR)과 무결성 관리 강조로 전환 • 글로벌 비즈니스의 필요에 부응한 국제윤리센터의 설립 • 뇌물에 관한 OECD 컨벤션(1997-2000)

출처: Ethics Resource Center (2002).

기업윤리와
정부의 역할

기업의 사회적 책임과 윤리에 입각한 경영을 위해서 주요 선진국에서는 정부, NGO 또는 민간단체 주도로 주체는 서로 다르지만 동일한 목적을 갖고 진행되어 왔다. 정부는 법규체계를 만들어서 윤리행위를 채택하지 않는 기업들에 벌칙을 부과함으로써 강제화하는 방법을 택할 수 있으며, 반면에 금전적 유인체계를 통하여 기업들의 자발적인 윤리적 행위를 촉진시키며 윤리적 기업문화 정착을 유도할 수도 있다.

CSR과 윤리경영 추진에 있어서 행정력을 갖고 있는 정부가 주도해 온 국가의 사례와 민간이나 기업 주도의 사례를 소개한다.

미국의 사례

미국은 정부의 직접적 관여가 적은 가운데 NGO 등 비정부기구, 민간의 SRI펀드, 대형 금융기관 및 연금기금의 운용방침 등이 기업행동에 큰 영향을 미치는 등 민간 중심의 CSR 활동이 대세라 할 수 있다. 미국 내 NGO인 Ceres[5]는 UNEP[6]와 함께 GRI[7]를 설립하여 경제, 환경, 사회 분야의 성과를 작성하기 위한 'GRI 가이드라인'을 발표해 오고 있다. GRI의 주요 업무는 지속가능보고서에 대한 가이드라인을 정한 뒤 이를 발표하고 각 나라 기업에게 보고서를 작성할 것을 권하는 일이다.

GRI의 지속가능보고서는 각 기업들이 작성할 의무도 없고 작성하지 않는다고 해서 불이익을 받는 일도 없다. 그러나 환경 문제에 관한 세계적인 관심이 높아지면서 GRI를 통해 보고서를 낸 기업에 대한 국제적인 평가가 크게 높아지는 추세이다. 이런 이유 때문에 보고서를 제

---

5) 세리스(Ceres)는 기후변화나 물 부족 등의 전 지구적 환경변화에 대응해 환경파괴 없는 지속가능성 문제를 다루기 위해 미국의 투자기금, 환경단체, 민간그룹들이 1989년 결성한 비영리 연합체이다.

6) 환경문제를 논의한 최초의 국제회의는 1972년 6월 스웨덴의 스톡홀름에서 열린 '유엔인간환경회의(UNCHE)'로서, '하나뿐인 지구(Only One Earth)'를 주제로 113개국이 참여한 이 회의에서 지구 환경문제를 다루는 유엔 전문기구가 있어야 한다는 공감대가 형성됨에 따라 '유엔환경계획(UNEP: United Nations Environment Program)'이 설립되었다.

7) GRI (Global Reporting Initiative)는 기업의 지속가능보고서에 대한 가이드라인을 제시하는 국제기구이다. 지속가능보고서란 기업이 환경과 사회 문제에 대해 책임을 다하겠다는 계획을 담은 보고서를 뜻한다. 1989년 초대형 원유유출사고(Exxon Valdez) 이후 미국의 환경단체인 세리스는 이 같은 사고의 재발을 막기 위해 1997년 유엔환경계획과 협약을 맺고 GRI를 세웠다.

출하는 기업의 숫자는 GRI 설립 첫해인 1997년 10개에서 2009년에는 1,400개, 2016년에는 33,828개로 늘었다.[8]

한편 기업체, 비영리단체 등의 임원들로 구성된 기업윤리임원협의회(EOA)[9]는 각 기업의 윤리 및 준법 경영 모범 사례에 대한 정보를 공유하고 아이디어를 교환함으로써 윤리경영의 배움터를 제공하는 모임이며, 동 기구에서 제안한 윤리경영에 관한 기업행동의 규칙은 ISO 26000[10]에서 추진하는 표준화 작업의 계기로 작용했다. 민간단체인 CR Magazine이 매년 발표하고 있는 '100 Best Corporate Citizens' 선정 시 7개의 평가 분야가 있는데 환경, 기후변화, 노사관계, 인권, 기업지배구조, 재무성과, 그리고 자선 및 지역사회 지원이 이에 속한다. CEO에 대한 과다임금 지급과 회계 재보고(再報告) 등의 사례가 있는 경우에는 마이너스 평가를 하는 등 기업윤리를 중시하고 있다.

미국은 자발적 봉사정신과 자선적 기부에 긴 역사를 가지고 있어

---

8) 한국에서는 현대자동차가 2003년 최초로 GRI 가이드라인에 부합하는 지속가능보고서를 발간했고, 같은 해 포스코와 삼성SDI가 뒤를 이었다. 2009년 지속가능보고서를 발간한 국내 기업은 54개로 늘어났다. 보험산업의 경우 현대해상이 2005년에 지속가능보고서를 발간한 이래 삼성생명, 교보생명, 삼성화재, 동부화재 등 주요 보험회사들도 지속가능보고서를 발간해 오고 있다.

9) 1992년에 설립되었으며 1997년에 이름을 EOA(Ethics Officer Association)에서 ECOA (Ethics and Compliance Officer Association)로 바꿨다.

10) 국제표준화기구(ISO)가 2010년 11월 1일 발표한 기업의 사회적 책임(CSR)에 대한 국제 표준이다. 이는 사회의 모든 조직이나 기업이 의사결정 및 활동 등을 할 때 소속된 사회에 이익이 될 수 있도록 하는 책임을 규정한 것이다. 구체적으로 산업계, 정부, 소비자, 노동계, 비정부기구 등 7개 경제주체를 대상으로 지배구조, 인권, 노동관행, 환경, 공정거래, 소비자 이슈, 공동체 참여 및 개발 등 7대 의제를 사회적 책임 이슈로 규정하고, 이에 대한 실행지침과 권고사항 등을 담고 있다.

CSR 활동에서도 기부활동이 중요한 위치를 차지한다. 기부활동이 주로 지역사회에 대한 이익의 환원으로서 왕성한 활동을 보이는 이유는 미국 사회의 특성상 기업이 지역사회와의 관계가 원만하지 않으면 정치적 발언권 및 리스크 관리 차원에서 어려움이 발생할 경우가 많기 때문이다. 한편 미국기업은 직접 기부하기보다는 기업이 설립한 재단을 통하여 이루어지고 있으며, 특정 분야에 치우치지 않고 각 분야에 골고루 지출하고 있다.

이러한 민간 주도의 CSR 활동이 오랜 기간 정착되어 있는 가운데 미국은 1970년대부터 기업 내에서의 불법행위를 방지하거나 행동 수정을 통해 불법행위를 줄이는 시도를 수차례 해 왔다. 대표적인 예를 들자면 해외부패방지법(1977), 기업대상 미연방 판결가이드라인(1991), 사베인스-옥슬리법(2002), 기업대상 미연방 처분판정가이드라인 개정(2004), 도드-프랭크 월스트리트개혁과 소비자보호법(2010년) 등이 있다.

해외부패방지법은 미국의 상장기업이 국제적인 성장을 추구하면서 외국의 공무원이나 정치인들에게 뇌물을 제공하는 것을 효과적으로 통제하기 위해 제정되었다. 이 법이 제정되기 전에는 뇌물행위에 대한 처벌이 보조법에 의해서만 가능하였다. 이 법이 통과됨으로써 의회는 미국기업들이 외국 공무원과 정치지도자들에 대한 매수(買收, bribery)에 의해서가 아니라 제품의 가격과 품질로써 외국시장에서 경쟁을 해야 한다는 메시지를 확실하게 전달하려고 시도하였다. 법의 중량감을 주기 위하여 미국 법무부와 증권거래위원회(SEC)가 합동으로 이 법을 집행한다.

〈표 2.3〉은 해외부패방지법 조항에 있는 일부 금지된 행위와 예외승인에 존재하는 적법성과 위법성의 경계를 요약한 것이다. 법무부는 기업의 법 위반에 대하여 최대 2백만 달러의 형사처벌을 집행할 수 있으며 집행임원, 이사, 주주, 종업원과 대리점은 위반 시 최대 25만 달러의 과태료와 최대 5년의 징역에 처할 수 있다. 증권거래위원회는 위반에 대하여 1만 달러의 과태료를 부과할 수 있다. 장부 및 문서보존 조항의 처벌은 개인에 대하여는 최대 5백만 달러의 과태료와 20년 징역, 법인에 대하여는 최대 2천5백만 달러의 과태료를 부과할 수 있다.

〈표 2.3〉 해외부패방지법(FCPA) 상의 적법 및 위법 행위

불법	적법
뇌물: • 외국의 현지공무원이 자신의 적법한 의무를 위반하여 행동하도록 영향을 주기 위해 지급하는 금전이나 물품 • 동법에서 금지된 목적을 위하여 외국의 공무원이나 정당, 후보에게 일부가 전달된다는 인지 하에 다른 사람에게 지급, 인가, 약속 또는 제안하는 것.	촉진금(급행료): • 일상적인 정부조치의 이행을 조속히 처리하기 위하여 외국의 공무원들에게 지급하는 돈. 예를 들면, 일상적인 정부조치는 허가, 면허, 또는 다른 공문서의 취득, 신속한 세관통과, 출입국비자 취득, 경찰보호 제공, 우편물 픽업 및 배달, 전화서비스
기록보존 및 회계 조항: • 책, 기록물, 계정은 거래와 자산처분을 정확하고 공정하게 반영토록 상세히 보존되어야 한다. • 내부회계통제시스템은 거래가 경영진의 결재대로 실행되고 있음을 확인할 수 있도록 만들어진다.	마케팅비용: • 회사 제품이나 서비스의 촉진 또는 시범(예를 들면, 제약공장의 시범이나 시찰)과 연관하여 또는 외국정부의 특정계약 이행과 연관하여 외국의 공무원에 지급하는 돈

	외국의 법률상 적법한 지급금:
	• 외국의 법률에서 적법하다고 명기된 공무원에 대한 돈의 지급
	정치기부금:
	• 외국인들이 미국의 정당과 후보들에게 정치후원금 기부가 금지된 미국과 달리 기업의 해외거점에서 회사를 대표하여 정치기부금을 제공하는 행위가 때때로 적법할 수도 있다. 기부금은 정당이나 후보들에게 수표의 형태 또는 모금만찬이나 유사한 행사를 위하여 지급될 수 있다. 이 경우 현지법에는 문제없지만 FCPA 법에 위반되는 지급 사례가 될 수 있다.
	외국자선단체 기부금:
	• 미국기업들은 성실한 자선단체에 기부할 수 있으나, 기부금이 FCPA 법을 피하는 데 사용되지 않고 현지 법규를 위반하지 않는다는 조건이다.

출처: Ghillyer (2012), Figure 6.1, p.112.

미국의 연방판결위원회(Federal Sentencing Commission)는 1984년 종합범죄통제법(Comprehensive Crime Control Act)에 의하여 설치되어 연방법 범법자들을 위한 통일된 판정가이드라인을 개발하여 1987년 11월 1일 발효되었다. 당시에는 개인범법행위를 대상으로 7개 장(chapter)으로 구성되었다가 1991년에 제8장이 추가되었는데, 제8장을 통상적으로 '기업 대상 연방판결가이드라인'이라 부른다. 연방판결가이드라인은 기업으로 하여금 종업원들과 대리인들의 범법행위에 책임을 지도록 규정한다. 연방판결가이드라인은 윤리적 기업행위를 촉진하고 비윤리적 행위에 따른 비용을 확대하고자 하는 목표에 부응하여 모든 기업에 예외 없이 적용하고 있다. 게다가 기업범죄의 리스트를 총망라하여 어떤 기업이라도 연방범죄의 경우 연방판결가이드라인의 처벌을 쉽게 받을 수 있다는 것을 보여 준다. 연방판결가이드라인의 처벌은 벌금, 기관보호관찰, 준법프로그램의 실행 등을 통하여 기업이 연방판결가이드라인의 기준들을 준수하도록 만든다.

사베인스-옥슬리 법은 2001년부터 기업의 회계부정 스캔들이 연달아 발생하여 금융시장과 대중매체를 지배하면서 그에 대한 반응으로 법제화가 이루어졌다. 투자자들이 극심히 불안하고 동요하던 시기에 출발한 이 법은 1930년대 증권거래법 이후 회계법인과 금융시장의 행위를 지배하는 가장 중요한 법으로 일부에서 환영받았다. 이 법은 11개 편(title)과 70개 하위규정으로 구성되어 있는데, 모든 측면의 기업의 재무관리를 포괄한다. 각 편은 법 제정 이전의 괄목할 만한 기업의 범법행위와 직접 관련이 있어 보이는데 특히 엔론 스캔들이 그렇다.

도드-프랭크 월스트리트 개혁 및 소비자보호법(2010년)은 '대마불사(大馬不死, too big to fail)'란 말이 다시는 월스트리트에 적용되지 않게 하려는 의도로 미국 정부의 계획이 반영된 법이다. 월스트리트의 금융 상품과 서비스에 대한 소비자를 보호하기 위한 규제감시를 위해 소비자금융보호국(Consumer Financial Protection Bureau)을 창설하였다. 금융안정감독위원회(Financial Stability Oversight Council)는 5백억 달러 이상의 자산을 가진 금융기관이 미국의 금융 안정에 심각한 위협이 될 경우에 '대마불사'를 해결하기 위한 권한을 부여받은 정부조직이다.

미국의 CSR 추진상 특징으로는 첫째, NGO 등 비정부기구와 시민단체가 기업에 대한 외부 압력으로 작용하는 등 민간 주도를 들 수 있으며, 둘째, 주주의 이익을 최우선으로 보장하는 차원에서 윤리경영 및 투명회계를 강조하고 있으며, 셋째, 기부 및 자선활동이 활발한 것을 들 수 있다. 미국의 주요 기업도 유럽의 선진 기업과 마찬가지로 자신의 사업과 연계한 CSR 추진을 통해 잠재시장의 확보에 주력하는 것을 볼 수 있다. 예를 들면, 마이크로소프트사는 빈곤층·고령층을 위하여 컴퓨터 이용 지원(digital-divided 해소) 및 아동 대상 기술 향상을 도모한다거나, 스타벅스가 자사의 원료 매입기준을 충족하는 원두 생산자에게 프리미엄 매입가격을 적용해 주는 것이 그렇다.

유럽의 사례

유럽에서는 경제통합 이후 심각한 수준의 실업문제와 회원국 간의 경제격차가 본격적인 CSR 논의의 발단이 되었으며, 유럽연합(EU)의 집행기관인 유럽연합집행위원회(EC)와 각국 정부의 주도로 CSR 활동을 추진하였다.

1990년대 중반 유럽의 청년실업 문제가 심각한 문제로 대두되자 각국 정부는 중·고령자의 조기퇴직을 대안으로 제시하였으나, 청년실업을 개선시키지 못한 채 조기퇴직자는 늘어나고 재정만 악화시키는 결과를 초래하였다. 이처럼 실업문제가 정부의 노력만으로 해결되지 않자 기업에 동참할 것을 촉구하게 된다. 그리하여 EU 출범 후 CSR의 원점이라 할 수 있는 'European Declaration against Social Exclusion(1996)'에 20명의 기업 대표들이 서명함으로써 실업문제 해결을 위한 기업의 사회적 책임 추진 방향을 제시하였다.

그 이후 EU는 2000년 3월 리스본 회의에서 CSR 활동을 통해 고용 확대와 사회적 결속의 향상으로 세계에서 가장 경쟁력 있는 사회를 실현하겠다고 선언하였다. 즉, 2010년까지 취업률을 70퍼센트까지 달성하고 동시에 세계에서 가장 경쟁력 있는 지식 선도형 경제로 발전하겠다는 목표를 제시했다. 이 선언을 기초로 EU는 CSR 체제 구축과 확산을 위해 그린 페이퍼(Green Paper)[11]와 화이트 페이퍼(White Paper)[12]를 2001년과 2002년에 각각 발표했다. 상기 보고서를 토대로 모든 이해관계자가 참여하는 포럼(EMSF: European Multi-Stakeholder Forum)이 2002년 10월 설립되었으며, 수차례에 걸친 협의 결과, CSR 최종보고서를 2004년 6월 공표하게 된다. 이는 지속가능한 발전을 목표로 기업, 노동조합, 시민단체, 환경사회문제·개도국문제 관련 NGO 등 이해관계자 모두를 대상으로 한 CSR의 적극적인 전개와 향후 방안 등을 제언하

---

11) Promoting an European Framework for Corporate Responsibility, COM(2001)은 CSR 체제 구축 촉진을 요구하였다.

12) Communication from the Commission concerning Corporate Social Responsibility: a Business Contribution to Sustainable Development, COM(2002)은 CSR 확산을 위한 행동지침으로서 CSR에 대한 인식 강화, 다양한 이해관계자가 참여하는 EU 차원의 포럼 설치, CSR 경영의 기술 개발, 중소기업에 대한 CSR 확산, CSR 수단의 투명성 향상 등을 제시했다.

고 있다.

EU 국가 중에서 영국과 프랑스는 세계 최초로 CSR을 담당하는 장관을 임명하는 등 가장 강력한 정부 주도의 CSR을 추진하고 있다. 영국의 경우는 무역산업부가 기업의 사회적 책임 수행을 지원하기 위해 NGO인 Business in the Community(BITC)를 설립하였고, CSR 전문 웹사이트 개설, 빈곤지역에 대한 투자를 촉진하기 위한 커뮤니티 투자세액공제제도(Community Investment Tax Relief) 도입 등 CSR 촉진을 위한 프로그램을 적극적으로 전개하고 있다. 또한 연금제도를 개정하여 연금기금을 운용하고 있는 기업에게는 환경·사회·윤리 측면의 추진 현황 등에 대한 정보공개를 의무화하였다. 영국보험협회(ABI)도 2001년 11월 사회책임투자SRI에 관한 정보공개 가이드라인을 만들어 재무상황 이외에 환경 및 사회면에 대한 CSR 추진 현황을 연차보고서에 기재토록 의무화하였다. 2005년 4월 이후에는 CSR 추진 현황에 대한 연차보고서 작성범위를 런던 증권거래소, 뉴욕 증권거래소 및 나스닥(NASDAQ) 시장에 상장되어 있는 모든 영국 기업으로 확대하였다.

프랑스도 신경제규제법을 2001년 5월 제정하여 상장기업에 대해 CSR 관련 활동의 정보를 연차보고서에 기재토록 의무화하였다. 또한 공공조달에 관한 법률을 개정하여 공공계약 시 사회 및 환경 관련 항목을 포함토록 하고 있으며, CSR 사례 분석과 SRI 개발 등을 목적으로 'High Level Group'이라 불리는 정부 차원의 기구를 2003년 6월 설치하였다.

유럽의 CSR 추진의 특징으로는 첫째, 정부 주도로 추진해 왔다는 것이고, 둘째, 법령 및 기업윤리 준수, 계약상 의무의 이행, 기업윤리 등은 기업의 당연한 의무이므로 CSR 활동으로 인식하지 않을 뿐 아니라 기부 및 자선활동도 CSR 활동의 중심에 두지 않는 등 추진 대상을 제한하였다는 점을 들 수 있다. 또한 셋째, CSR 활동을 자신의 사업 활동과 연관되게 추진하였으며, CSR 활동에 환경 및 사회 양면을 언급하고 있지만 사회문제를 중시하는 점을 들 수 있을 것이다.

EU는 "CSR이란 자신의 사업 활동과 관련하여 자율적으로 사회·환경 등의 문제를 해결하는 활동이며, 법적 요청이나 계약상의 의무 이상의 활동을 수행하는 것"이라고 정의함으로써 CSR의 추진범위를 명확히 설정하고 있다. 유럽이 기업의 기부 및 자선활동을 부정하는 것은 아니지만 CSR에서 중시하는 것은 결과가 아니라 기부금의 원천인 이익을 어떤 방법으로 창출하였는지 그 과정을 중시한다. 유럽의 선진 기업들은 자신의 사업과 연계한 CSR 추진을 통해서 잠재시장의 확보에 주력하는 한편, 협력업체 등에 대한 자사의 CSR 기준 적용을 강화하고 있다.

일본의 사례

일본의 CSR은 에도(江戶)시대의 사상가인 이시다 바이간(石田梅岩)이 무사의 사회지배 기본지침인 무사도(武士道)에 대응하기 위해 제창한 상인도(商人道)13)와 오우미(近江) 상인의 경영이념14)에서 유래하며, 메이지(明治)시대 제일국립은행의 창시자이며 근대 기업가의 선구자라고 일컫는 시부사와 에이이치(澁澤榮一)는 도덕경제합일설(道德經濟合一說)을 주창하고, 단순한 이익 추구가 아니라 도덕·윤리·공익을 고려한 경제활동이 필수적이라고 역설했다.

효율적인 생산 활동이 사회공헌으로 이어진다는 상인도 및 오우미 상인의 경영이념은 후대 기업들에 전수되었으며, 이는 고객만족과 사람을 중시하는 기업문화로 발전하였다. 고객만족과 인간을 중시하는 기업문화는 전후(戰後)에도 지속되어 왔고, 1990년대 들어 환경문제의 심각화, 분식회계 등 기업 부정사건 발생, 글로벌화 진전 등에 따른 국제사회의 압력 증가로 CSR에 대한 관심이 더욱 고조되었으며 경제단체와 정부를 중심으로 CSR 활동이 본격화되었다.

경제단체연합회(經團聯)는 1991년 기업이 자사의 행동기준을 정할 때 기준으로 활용하도록 '기업행동헌장'15)을 제정했으며, 일본기업의 사회공헌활동을 매년 조사하기 시작했다. 이어서 기업들이 자율적으로

---

13) 상인도란 이시다가 상인 천시의 사회 통념에 대해 상행위의 의의를 적극적으로 옹호하면서 교환의 경제적·사회적 의의를 강조하기 위해 제창한 것으로, 규율을 준수함과 아울러 정직하고 효율적인 생산 및 상업 활동은 이 세상에 크게 공헌하는 길로 이어진다는 윤리사상이다.

14) 오사카지역을 근거지로 하는 오우미 상인들은 신용 중시의 필요성에서 '산뽀요시(파는 사람도 좋고, 사는 사람도 좋고, 세상 사람에게도 좋아야 한다는 의미)'를 철저하게 준수했다.

15) 기업행동헌장은 고객, 시장, 주주, 종업원, 환경, 사회공헌 등 CSR 추진 시 요구되는 이해관계자와의 관계를 망라한 것으로, '일본 CSR 헌장'이라고 지칭되고 있다.

CSR을 추진할 수 있도록 '기업행동헌장'과 실행방법에 기초한 'CSR 추진 tool'을 2005년 발표하여 기업의 자율적 추진을 도모하였다. 경제동우회는 '일본기업의 CSR: 현황과 과제'와 '기업백서'를 2003년에, '일본기업의 CSR: 진척과 전망'을 2006년에 발간하는 등 CSR의 기본적 개념 및 인식 정도, 추진 현황을 공표함으로써 CSR에 대한 관심 제고에 기여하고 있다. 또한 CSR의 국제표준화 동향에도 대응하면서 '일본적 CSR'[16])을 모색하고 있다.

일본 정부도 경제단체 및 기업의 CSR 활동을 지원하기 위해 산업계, 학계 등과 연계하여 CSR 간담회를 개최하고, 그 결과를 보고서 형태로 발표하는 등 기업의 CSR 활동 지원에 적극적이다. 경제산업성, 후생노동성 및 환경성은 각각 간담회를 개최하고 CSR의 추진 방향, 이해관계자와의 소통 제고, 노동에 관한 CSR 추진 시 정부의 역할 등을 제언하고 있다. 특히 경제산업성은 경단련과 공동으로 2002년 CSR 표준위원회를 설립하여 CSR의 국제표준(ISO 26000) 제정 작업을 주도해왔다.

일본의 CSR 추진상의 특징으로는 첫째, 전통적으로 계승되어 온 경영이념을 바탕으로 자신의 사업 활동과 연계한 CSR 추진이 주류이며, 둘째, 기부 및 자선활동은 상대적으로 역할이 축소되는 추세이며, 셋째, 협력업체 등에 대한 CSR 기준 확대를 들 수 있다. CSR에 포함될

---

16) CSR의 정의와 범위가 문화적 배경이나 사회의 발전단계에 따라 다르기 때문에 일본사회에서 발전되어 온 경영철학을 보편화시켜 나간다는 의미이다.

내용에 대해 경영자와 소비자들은 '양질의 제품과 서비스'의 제공을 중요한 요소로 인식하고 있으며, 경제동우회와 경제산업성도 자신의 사업 분야와 연계한 CSR 추진을 유도하고 있다.

한편 CSR 추진 주체 면에서 미국은 민간, 유럽은 정부 주도로 추진하는 데 반해 일본은 경제단체·기업·정부가 협력적으로 대응해 왔다. 기업이 경영이념 등에 따라 나름대로 추진해 오고 있는 CSR을 보다 효과적으로 추진할 수 있도록 경제단체와 정부가 미국·유럽 선진국의 사례 소개, 학계 및 산업계 전문가와의 간담회 개최, CSR 추진 참고자료를 보고서 등의 형태로 적극 지원하는 방식이다.

이처럼 기업이 비윤리적인 행위를 못하도록 감시하고 처벌을 하며 기업과 임직원이 윤리적인 경영과 행위를 하도록 하기 위해서는 정부의 역할이 중요하다고 보는 국가들이 있는 반면에, 기업이 자생적으로 경영이념에 맞추어 자신들의 문화적 배경에 맞추어 윤리경영을 해오는 국가들도 있다. 기업경영에 있어서 CSR이나 윤리경영의 추진 방식에 절대적인 표준이 존재한다기보다는 그 기업이 활동하고 있는 국가의 사회적·문화적 환경과 기업의 관행 등이 효과적인 윤리경영의 중요한 요소라는 것을 선진 국가들의 사례를 통하여 알 수 있다.

기업지배구조와 기업윤리

기업지배구조와 보험회사[17]

기업지배구조란 보험회사와 모든 이해관계자들과의 관계에 있어서 이사회가 책임·공정·투명을 위해 제정한 규정과 관례 체계라고 정의할 수 있다. 역사적으로 기업지배구조는 회사법에서 정의하는 회사의 책임으로 비쳐지듯이 규제 당국은 보험회사들을 위하여 이 분야에 기본적인 요구 사항만을 정해 왔다. 그러나 경제 환경의 변화와 원칙 위주의 규제로 이동함에 따라 기업지배구조에 대한 규제에 더욱 초점을 맞추도록 요구되고 있다.

적절한 기업지배구조 원칙들을 실행하는 주된 책임은 보험회사의 이

---

17) 미국보험감독관협의회(NAIC)의 Solvency Modernization Initiative (SMI)에 관한 태스크포스의 2009년 자문보고서에서 주로 발췌하였다.

사회에 달려 있다. 기업지배구조 원칙들이 효과적으로 실행되기 위해서는 정상적으로 작동되는 독립적인 이사회가 구성되는 것이 중요하다. 이사회는 충분한 인원의 식견 있고 독립적이며 활동적인 이사들로 구성되어야 지배구조를 제대로 이행하고 책임소재를 감시할 수 있다. 이사회는 사려 깊고 성실한 의사결정과정을 통하여 경영진과는 독립적으로 행동할 수 있는 사람들로 구성되어야 한다. 이사회 멤버를 선출하는 과정은 공식적이고 투명해야 한다. 이사회와 산하 위원회는 정관과 사규에 따라 임무와 책임이 효과적으로 문서화되고 소통되도록 해야 한다. 이사회 멤버는 주의의무와 충실의무, 이 두 가지 원칙에 입각하여 행동해야 한다.

이사회에 의하여 실행되는 기업지배구조 체계는 효과적인 정보전달 체계를 갖추는 것은 물론이고, 책임의 명확한 배분과 적절한 구분을 포함하는 투명한 조직구조를 포함해야 한다. 이러한 조직구조하에 이사회는 주요 경영 분야에 대한 유의한 수준의 전략적 감시를 제공해야 한다.

첫째, 이사회는 보험회사의 대표이사(CEO)와 다른 주요 경영자의 선임과 보상에 책임을 져야 하며, 나아가서는 보험회사의 전반적인 보상 체계에 대하여 감시해야 한다. 둘째, 이사회는 회사의 전략적 사업계획의 수립·검토·승인에 정기적으로 관여해야 한다. 이사회는 회사의 철학과 미션을 승인할 뿐 아니라 회사가 직면한 리스크들을 확인하고 관리하는 과정을 감시하는 일에 직접적으로 관여해야 한다. 셋째, 이사회는 감사위원회를 설치하여 회사의 재무제표와 회계·재무 보고 과정을 통하여 보험회사의 감사 기능을 감시해야 한다. 넷째, 이사회는 준비금 산출의 효과적 내부통제를 포함하여 회사의 보험계리 기능과 관련된 보고서를 정기적으로 보고받고 검토해야 한다. 다섯째, 이사회는 회사 내 윤리적 행위의 중요성에 입각하여 행동수칙을 세우고 시행하는 일에 적극적으로 관여해야 한다. 여섯째, 이사회나 산하 위원회는 회사에 적용되는 규제기준을 준수하도록 준법감시 과정에 책임을 져야 한다. 일곱째, 이사회 멤버들은 이사회의 책무에 대한 오리엔테이션 프로그램을 완수하고 정기적으로 산업의 발전 상황과 리스크에 대한 보수교육을 받아야 한다. 여덟째, 자격 있는 이사회 멤버와 선임경영진이 회사 경영에 지속적으로 가용하도록 그들의 결원(缺員)에 대비한 승계 계획(succession plan)을 갖추어야 한다.

기업지배구조 원칙의 적절한 실행에 주된 책임은 이사회에 있지만 선임경영진에게도 이 과정에 중요한 역할이 있다. 선임경영진은 건전하고 신중한 경영에 적합한 자격과 전문 지식 그리고 경험을 지녀야 하며, 맡은 직무를 충족하기 위하여 좋은 평판과 성실성을 가져야 한다. 또한 선임경영진은 조직 내에 '윤리적 행위'의 중요성을 정립해야 하는 책임이 있으며, 이사회가 채택한 행동수칙에 동의하고 서명함으로써 윤리적 기준에 부합되도록 책임을 져야 한다.

보험경영과 윤리

중소기업의 윤리경영은?

이렇듯 기업은 이사회를 중심으로 지배구조의 원칙에 입각하여 윤리경영의 틀을 갖춰야 한다. 하지만 기업의 지배구조가 소유와 경영이 대부분 분리된 대기업과는 달리 소유와 경영이 분리되지 않은 중소기업의 경우는 어떻게 할 것인가? 국내 보험산업에 중소기업으로 분류되는 회사는 없다고 보지만, 일반적인 관점에서 중·소규모 보험회사를 대상으로 가정하여 생각해 본다.

중소기업의 윤리경영 수행에 대한 해법은 황호찬의 2007년 연구에서 부분적으로 제시되고 있다. 즉, 중소기업이라고 윤리적 경영에서 예외가 되어서는 안 되고, 단지 윤리경영의 실천에 중소기업의 지배구조나 인적·물적 자원의 제한성 등의 특징들을 감안하여 접근 방법을 달리해야 한다는 것이다. 최고경영자가 소유주로 이어지는 경우가 대부분이기에 개인 경영자의 가치관에 따른 윤리의식이 윤리경영 실천에 중요한 영향을 미치게 된다. 아울러 자원의 제한성으로 인하여 내부 및 외부 이해관계자에 대한 우선순위도 대기업과는 다르게 적용되어야 한다. 즉, 중소기업 외부 이해관계자의 요구사항인 환경보호나 회계 투명성 등은 대기업에 비해 눈에 보이는 효과가 낮기 때문에 회사 이익에 실질적으로 영향을 주는 종업원에게 더 민감하게 반응하게 마련이다.

이렇듯 대기업이나 중소기업 모든 기업에 있어서 윤리경영의 필요성은 존재하고 있으니, 지배구조나 규모상의 차이점을 고려한 차별적인 접근이 필요하다. 그러나 어떤 이유에서든 기업의 존속 및 지속적인 발전을 위해서 기업이 사회적 책임으로서의 윤리경영은 더 이상 무시할 수 없는 의무가 되었다.

보험경영의
윤리적 이슈[18]

보험산업의 신뢰도

우리나라는 기업의 소비자 중시에 대한 평가에 비해 기업의 윤리성에 대한 신뢰가 크게 낮아 보험산업에도 불리한 신뢰 여건이 조성되었다. 즉, 세계경제포럼(World Economic Forum)의 조사에 의하면 '기업의 소비자 중심주의'는 144개국 중에서 13위인 반면에 '기업의 윤리성'은 95위로 나타났으며, IMD[19]의 조사에서는 '기업 경영에서 고객 만족의 중요도'는 60개국 중에서 22위, 그리고 '기업 관행의 윤리성'은 54위로 나타났다.

---

18) 이 파트의 내용은 이태열 외(2015)에서 주로 발췌하였다.

19) 스위스 로잔(Lausanne)과 싱가포르에 캠퍼스를 갖고 있는 세계 최상위권 경영대학원으로서 'International Institute for Management Development'의 약자이다.

비슷한 맥락에서 여러 다양한 직업들을 윤리적 관행 기준으로 순서를 매긴 미국의 소비자 조사를 보면 회계감사인, 대학교수, 은행원, 의사, 기업체임원, 신문편집인, 변호사, 주식중개인, 보험대리점, TV뉴스캐스터, 미국의회 의원 순으로 나타났다.[20] 여러 직업들 중에서 보험을 판매하고 중개하는 직업인 보험대리점이 보험선진국인 미국에서도 하위권에 머무르고 있다는 사실은 보험윤리 개선 강조의 필요성을 시사한다.

보험산업의 신뢰도 결정의 핵심 변수인 정직성에 대한 사회적 신뢰기반이 총체적으로 취약하다고 할 수 있기에 보험회사의 윤리경영은 이러한 신뢰도 제고에 필수적인 선결과제라 하겠다. 보험경영에 관련된 윤리적 이슈들을 살펴보면 왜 보험회사가 다른 산업이나 다른 금융회사들보다 윤리경영에 더 관심을 가져야 하고 윤리적 경영에 치중해야 하는지에 대한 의문이 풀릴 것이다. 윤리적 이슈들을 들여다보면 보험사업이 갖는 본질적이고 내생적인 관행이 한 축을 이루고, 보험회사가 자체적으로 통제할 수 없는 외생적인 경영환경이 다른 한 축을 이룬다.

보험영업의 관행
보험상품은 성격상 무형성과 복잡성으로 인해 소비자가 적절한 선

---

20) Vinten (1990)에서 인용한다.

택을 위해서는 보험서비스 제공자로부터 충분한 정보와 자문을 제공받을 필요가 있으나, 이러한 측면이 소홀할 경우 불완전판매가 발생하는 등 소비자의 신뢰를 저해하게 된다. 또한 보험계약은 소비자들에게 익숙하지 않은 법률적 용어로 작성되어 본질적으로 보험가입자 입장에서 권리·의무 관계를 이해하기 어렵고, 이해당사자 간 계약 내용에 대한 이해의 차이가 크게 존재하여 갈등의 소지가 많을 수밖에 없다. 이러한 이유로 소비자들의 자발적인 보험상품 구매가 발생하는 경우는 적고, 비자발적인 구매에 가까운 푸시마케팅(push marketing, 밀어붙이기 판매)이 오랜 기간 관행처럼 이루어져 온 것이다.

보험영업에서 볼 수 있는 푸시마케팅은 지난 60년간 우리나라 보험영업에 –특히 생명보험과 같은 가계성보험 상품 판매에– 주된 영업 방식으로 자리 잡았다. 최근 들어 고령화 사회로 진입하면서 자발적인 노후보장 상품 수요가 커지고 있다. 이와 함께 연고에 의한 판매는 점점 줄어들고 전문성을 갖춘 재무설계사를 찾는 소비자들이 증가하는 추세이지만, 여전히 보험영업의 대세는 푸시마케팅에서 벗어나기 어려운 실정이다.

보험회사들의 외형확대 경영은 상당 기간 동안 지속되어 왔으며, 이로 인해 보험시장 내 과당경쟁 문제가 지속적으로 제기되었다. 이러한 영업 위주의 과당경쟁 문제는 대규모 영업조직 구축을 위한 판매채널 확보 경쟁으로 이어져 왔다. 외형확대 위주의 영업 전략은 설계사조직 관리에 있어서 '대량도입·대량탈락'의 악순환을 초래했고, 이러한 형태의 판매인력 확충 관행은 소비자 신뢰를 저해하는 요소가 되었다.

이러한 보험회사의 매출 위주 영업 전략은 방카슈랑스 및 비전속대리점제도가 도입되면서 다른 형태의 채널 확보 경쟁으로 이어졌다. 시장점유율 경쟁을 하고 있는 보험회사들은 자사의 수익성 저하를 감수하더라도 수수료 위주 영업을 하는 비전속대리점 채널과의 제휴를 할 수밖에 없었다. 그 결과 보험회사에 대한 대형 외부채널의 우월적 지위 남용이 있다 해도 보험회사는 자사의 시장점유율 유지나 확대를 위해서 이를 감당해야 하는 상황이 되었다.

한편 법인보험대리점(GA) 채널 도입 이후 모집질서 문란과 높은 불완전판매율 발생으로 보험회사가 감당해야 할 법규준수 리스크가 커지고 있음에도 불구하고 GA 채널의 영향력은 지속적으로 커지고 있기에 보험산업에 대한 소비자신뢰 제고 차원에서 이들의 모집질서 건전화 문제는 중요하게 다루어져야 할 것이다.

보험산업(특히 생명보험산업)은 저축기관이었던 과거 이력과 영업력 외에는 차별화가 어려운 경영환경으로부터 파생된 뿌리 깊은 영업 중심의 경영 관행이 존재한다. 즉, 상품과 가격에서의 비차별성 지속, 영업채널에 대한 의존 심화, 산업 내의 복잡한 이해관계 등으로 산업 자체적으로 영업 위주의 경쟁 관행을 극복하는 데 실패했다.

이러한 영업 관행은 필연적으로 불완전판매로 직결되어 보험소비자들로 하여금 잦은 민원을 발생시켰으며, 보험에 대한 신뢰도 저하의 원인이 되어 왔다.

규제 및 경영환경

우리 보험산업은 앞에서 기술한 대로 영업 중심의 경영관행과 경쟁구도를 극복하지 못함에 따라 감독당국이 나서지 않으면 스스로 개선하고자 노력하지 않는 산업이라는 부정적인 이미지가 형성되어 왔다. 이는 정부가 경제개발기에 내자(內資) 동원을 위해 저축기관으로 지정하고, 보험상품에 대한 협정요율체제 유지 등 선단호송(船團護送) 식의 적극적인 산업보호 정책을 통하여 보험산업의 자율적인 체질 개선과 경쟁력 강화 의지를 약화시킨 측면도 간과할 수 없는 사실이다.

정부는 1990년대 말 외환위기에 따른 금융산업 구조조정 등을 주도하며, 또한 2000년대에는 보험회사의 상품설명과 정보제공 의무 강화, 적합성 원칙 준수, 수수료 체계 개선 등 소비자보호와 영업 관행을 개선시키려는 시도를 해 왔다. 이러한 감독당국 주도의 정책이 소비자보호를 위한 보험산업의 노력을 유도한 측면이 있었음에도 이러한 정책이 현장에서의 실효성 측면에서는 한계도 있었다.

즉, 정부가 주도하는 하향식 소비자보호 강화 정책은 보험회사로 하여금 소비자보호를 위한 보험업계의 자율적 노력의 유인을 없애는 부정적 기능도 하였다. 영업 위주의 과당경쟁도 소비자보호를 위한 자율적 노력에 부정적인 영향을 미쳤다고 하겠다.

보험산업의 경우 기본적으로 생명보험과 손해보험으로 나뉘어 있고,

해당 산업 내에서도 규모나 지배구조 등에 따라 이해관계가 복잡하게 얽혀 있기에 산업 차원에서 소비자보호를 위한 능동적인 대처나 자율적인 규제 체제 마련이 쉽지 않았던 것이다.

윤리경영과
기업의 성과

　윤리경영이 보험회사의 경영관행으로 뿌리를 내리기 위해서는 그에 상응하는 성과가 따라야 지속가능할 것이다. 단기적인 성과는 아니더라도 중장기적으로 기업의 재무적 성과나 이미지 개선 등의 긍정적인 효과가 존재하는지 알아보자.

학술연구를 통해 본 윤리경영과 성과와의 관계

　기업의 사회적 책임에 대한 견해가 학자들 간에 나뉘었던 1960년대부터 CSR과 기업의 재무성과와의 관계는 활발한 논쟁의 대상이 되어 왔으며, 최근에 이르기까지 연구자들 간에 진정한 합의를 이루지 못하고 있다. CSR의 효과를 관찰하기 위하여 CSR 수행과 재무성과 간의 관계를 다룬 기존 연구들이 존재하나, 분석 결과들은 일관된 실증적 결과를 제시하지 못하고 있으며, CSR의 범위나 성과의 측정 방법 등의 차이에 따라 다소 다른 결과를 보여 왔다.

일찍이 모스코비츠(Moskowitz)는 1972년 14개의 사회적 책임 기업을 선정하고 6개월간의 주식가격 변동을 관찰한 결과, 주식시장 지수들(Dow-Jones, NYSE, S&P)보다 주가인상 폭이 큰 것을 발견하여 사회적 책임 수행이 주식의 가치를 높여 준다는 주장을 하였다. 반면에 밴스(Vance)는 모스코비츠가 선정한 14개 회사 주식 가격변동을 3년간(1972~1975년) 관찰한 결과 모든 회사 주식의 가격이 3개 주식시장 지수들보다 하락하였으며, 사회적 책임은 기업의 재무성과와 음(-)의 상관관계를 가진다는 것을 발견했다.

이에 대해 1978년 알렉산더와 부크홀츠(Alexander and Buchholz)의 연구에서는 두 연구 모두 연구 방법상에 문제가 존재한다고 지적하고 있다. 그 후 1984년에 코크란과 우드(Cochran and Wood)는 CSR과 기업의 재무성과와의 관계를 새로운 연구 방법과 산업별 통제그룹을 사용하여 분석한 결과 CSR과 재무성과 간에는 상관관계가 있다고 주장하는 반면에, 오펄 외(Aupperle, et al.)는 1985년 CSR과 수익성과의 관계를 실증분석 하였으나 어떠한 관계도 발견할 수 없었으며 이 관계는 아마도 완전히 풀리지 않을 이슈라고 결론을 내렸다.

CSR과 기업의 성과와의 관계에 대한 수많은 연구들이 최근까지 이어지고 있는데, 연구 결과의 대세가 긍정적인 쪽으로 기울어지는 것을 볼 수 있다. 비하리와 프라드한(Bihari and Pradhan)이 2011년 인도의 은

행산업을 대상으로 분석한 결과, CSR활동을 수행하는 은행들은 개선된 이미지와 영업권(goodwill)과는 별도로 사업성과에 긍정적인 영향을 미쳤음을 발견하였고, 이는 사회를 위한 기여 활동이 기업에 이점으로 작용하여 기업가치가 제고된 것으로 보았다.

에클스 외(Eccles, et al.)는 2012년 연구에서 지속가능 문화를 가진 기업(적극적인 관여를 통해 이해관계자들과의 관계에 관심을 갖는 기업)이 지속가능성이 낮은 기업(이익극대화에 기반한 전통적 기업)에 비하여 장기적으로 주식시장과 회계적 성과 모두 높다는 것을 발견했으며, 이러한 기업정책이 조직의 미션에 근거한 가치와 신념을 명확히 함으로써 강한 기업문화를 만들었다고 주장한다. 비슷한 맥락에서 2012년 스케어와 골자(Skare and Golja)는 환경·사회·지배구조(ESG) 이슈가 글로벌 시장에서 경쟁우위를 얻는 매우 강력한 수단이 되고 있다고 보며, CSR 수행 기업들이 평균적으로 그렇지 않은 기업들보다 재무성과가 더 좋다는 결과를 보여 주었다.

반면에 벨루와 매네스쿠(Belu and Manescu)의 2013년 연구는 전략적 경쟁우위를 제공하는 CSR 지수와 경제적 성과(ROA와 Tobin's Q)[21]로

21) ROA는 총자산수익률, 즉 기업의 당기순이익을 총자산으로 나눈 값으로서 기업의 수익성 지표로 많이 사용된다. Tobin's Q는 미국의 경제학자 제임스 토빈(James Tobin, 1918~2002)이 창안하여 토빈의 Q라는 명칭이 붙었다. '토빈의 Q = 기업의 시장가치/자본의 대체비용'의 계산식으로 산출된다. 이때 기업의 시장가치란 주식시장에서 평가하는 기업의 부채 및 자본의 가치를 의미하고, 자본의 대체비용이란 기업이 보유한 실물자산의 대체비용(replacement cost: 현재의 기업과 동일한 기업을 설립하려 할 때 드는 총비용), 즉 순자산가치를 의미한다.

측정)와의 관계는 중립적이라는 것을 발견했다. 오완근과 박승호(Oh and Park)는 2015년 한국의 기업들을 대상으로 CSR과 재무성과와의 관계를 2004~2010년 기간 동안 모든 산업을 대상으로 측정한 결과 CSR은 재무성과에 긍정적인(+) 효과를 보여 주고 있으며, 이해관계자 이론(stakeholder theory)이 유효하다고 보았다.

2015년 부시와 베이슨(Busch and Bassen)은 1970년부터 지금까지 발표된 2,200개의 실증 및 리뷰 연구들을 총망라하여 연구 결과를 종합해 본 결과 약 90퍼센트의 연구들에서 ESG와 재무성과 간에 음(-)이 아닌 관계를 발견했고, 그중 대다수의 연구에서 긍정적인(+) 관계를 보여 주었다. 이러한 윤리경영의 긍정적인 영향은 시간이 지나면서 안정적으로 보인다고 강조하였다. 이렇게 최근까지 연구가 진행되어 왔다.

윤리경영 기업의 성공 사례

윤리경영의 고전적 성공 사례로는 미국의 대표적 제약기업인 존슨앤존슨(Johnson & Johnson) 사례를 들 수 있다. 1982년 9월 존슨앤존슨의 주력 상품인 타이레놀을 복용한 사람 중에 7명의 사망자가 발생한 충격적인 사건이 미국 시카고에서 발생하였다. 사건 조사 결과 누군가 의도적으로 유통 단계에서 캡슐형 타이레놀 일부에 독극물인 청산가리를 몰래 투입해 발생한 것으로 밝혀졌다. 이 과정에서 미국식품의약청(FDA)은 사망자가 발생한 시카고 지역에 배포된 타이레놀 제품을 거둬들일 것을 권고했다.

그러나 존슨앤존슨은 자사의 과실이 아님이 밝혀져 직접적인 책임에서 벗어났음에도 불구하고 소비자에 대한 책임과 안전이라는 기업윤리에 입각한 조치를 내렸다. 타이레놀의 생산과 광고를 전면 중단하고 당시 미국 전역에서 시판되고 있던 타이레놀 3,100만 병(소매가 1억 달러 상당)을 즉각 수거하도록 한 것이다. 존슨앤존슨은 누군가가 회사 제품에 독극물을 넣었으니 회사도 피해자라고 변명하는 대신에 윤리경영 헌장인 '우리의 신조(Our Credo)'에 따라 고객의 안전을 최우선으로 하는 대책을 내놓았던 것이다.

존슨앤존슨은 대중매체를 통해 타이레놀에 문제가 있으니 절대 복용하지 말라고 홍보하고 타이레놀 광고를 즉시 중지하는 등 추가 사망자가 나오지 않게 기업의 피해를 감수하였다. 이러한 존슨앤존슨의 대처는 소비자들의 마음을 빠른 시간 내에 되돌려 신뢰를 회복했으며, 오히려 다른 제품들의 매출 증가까지 이루어져 위기상황을 성공적으로 극복한 사례가 된 것이다. 존슨앤존슨이 보여 준 이러한 처신은 윤리경영의 가장 모범적인 사례로 회자되고 있다. 최근까지 존슨앤존슨은 포춘(Fortune) 선정 '세계에서 가장 존경받는 기업' Top 20 리스트에 16년 연속 포함되었고, 제약회사 중에는 5년 연속으로 1위의 자리를 지키고 있다.

국내 기업 중에서 일찍이 윤리경영의 대표적 사례로 알려진 것은 신세계의 구학서 사장(후에 회장이 됨)이다. 그는 1999년 신세계 대표이사가 된 후 윤리경영을 경영이념으로 선포했다. 회사의 감사팀을 '기업윤리

업무 실천사무국'으로 이름을 바꾸고 윤리경영을 회사 안팎으로 확산시켰다. 신세계는 윤리경영에 나선 후 기업 이미지가 개선되는 것은 물론이고 경영성과도 눈에 띄게 좋아졌다. 매출 2조 2,684억 원 → 16조 2,132억 원, 순이익 222억 원 → 6,780억 원, 총자산 2조 2,390억 원 → 14조 3,419억 원. 신세계(이마트 포함)의 1999년과 2011년의 경영 성적표 비교다. 외환위기, 글로벌 금융위기, 유럽 재정위기를 비롯한 숱한 위기 속에서도 신세계는 성장을 거듭했다.

회사의 성장을 이끈 구학서 신세계그룹 회장은 "50% 이상이 윤리경영 덕이라고 본다."고 말했다. 그는 한발 더 나아가 "윤리경영이 곧 글로벌 경쟁력이고 가장 윤리적인 것이 가장 강하다고 믿는다."고 강조했다. "윤리경영을 하면 기업에 어떤 이익이 있는가?"라는 질문에 구 사장은 "순이익이 크게 늘어난다. 예를 들어 이마트의 바이어(buyer)들이 업자로부터 리베이트(rebate)를 받기로 하고 상품을 제값보다 비싸게 사들여 판매할 경우, 회사 측은 당연히 손해를 보게 된다. 그러나 윤리경영을 해오면서 이런 부정이 사라졌고 회사의 이익도 크게 늘어났다. 직원들도 당장의 이익보다는 장기적으로 볼 때 윤리적인 사고와 행동이 더 큰 이익을 줄 것이라고 믿게 되었고 회사 발전에도 큰 도움이 되고 있다."고 답했다.

윤리경영 도입 후 바뀐 사내 분위기에 대해서는 "신입사원 면접 때 입사지원 동기를 물어보았다. 과반수가 윤리경영 때문에 지원하게 됐다고 하더라. 전혀 예상치 못한 일이었다. 일반 소비자들을 직접 상대하지 않는 제조업체가 왜 막대한 돈을 들여가며 기업 이미지 광고를 하는가? 좋은 기업 이미지를 관리하면 훌륭한 인재들이 저절로 모여든다. 신세계는 돈 한 푼 안들이고 막대한 광고 효과를 보고 있는 셈이다."라고 답했다.

구 회장은 윤리경영은 고객·주주·직원은 물론 사회와 나라에도 도움이 된다고 강조한다. 그는 윤리경영을 3단계로 나눠 설명한다. '투명경영 → 상생경영 → 사회공헌경영'이다. 투명경영은 준법경영과 맞닿아 있다. 꾸준히 이익을 내고 인사관리를 공정하게 해서 경제적으로 지속가능경영을 하는 것도 이 단계에 속한다. 상생경영은 고객·직원·주주·협력업체 같은 이해관계자와 윈-윈을 추구하는 것이다. 이익을 직원·주주와 나눌 때나 협력업체와 거래할 때 윤리적으로 문제가 없어야 한다는 것이다. 사회공헌경영은 사회·국가·인류처럼 기업과 직접 이해관계가 없는 집단 또는 대상과의 관계에서도 윤리를 지키는 것이다. 그는 "1단계는 1단계대로 하면서 2단계, 3단계로 점차 심화시켜 나가야 한다."고 설명했다. 동심원을 넓혀 나가듯 단계별로 서로 오버랩되도록 진행하라는 것이다.[22]

글로벌 종합화학기업인 다우케미칼(Dow Chemical)은 환경문제로 대중으로부터 혹독한 비판을 겪어 왔다. 고엽제인 '에이전트 오렌지(Agent

---

22) 중앙시사매거진, [인터뷰 윤리경영 전도사 구학서 사장] 679호(2003.03.17.), [인터뷰 구학서 신세계 회장 대기업 말로만 윤리경영 그래서 욕먹는다] 1136호(2012.07.07.)에서 인용

Orange)' 제조와 미국 미시간 주(州) 미드랜드(Midland) 근처 시설의 다이옥신(Dioxin) 오염 등이 격렬한 반응을 가져왔다. 1992년 회사는 이해관계자의 우려에 대응하여 환경적 목표와 공정에 대한 도전을 책임 있게 이끌어 갈 과학자들과 정책전문가들로 구성된 자문단을 선임했다. 전문가들은 우선적으로 회사의 초점을 '폐기물을 어떻게 제거할 것인가'에서 '폐기물을 모두 제거하는 것'으로 전환할 것을 권고했다. 결국 회사는 공격적인 폐기물 감소 목표를 수용하였고 이를 위하여 태양광전지 지붕판넬(shingle)과 같은 신제품과, 작업 시 누출(leak), 파손(break), 유출(spill) 횟수를 급격히 줄여 주는 새로운 건강 및 안전 절차를 포함하는 공정에 대한 20년 치의 대대적인 쇄신에 착수했다.

이렇게 회사의 지속가능 성과가 개선되면서 회사의 전략은 고객들 자신의 환경문제 처리를 돕는 쪽으로 바뀌며 3천5백억 달러의 시장기회가 생겼다. 2009년 이래 신제품 혁신으로 말미암은 영업이익이 매년 4억 달러를 넘었으며, 2012년에는 10억 달러를 달성했고 2015년까지 20억 달러에 달할 것으로 예측하였다. 다우케미칼은 연구개발 분야의 순현재가치(NPV)[23]도 1997년 50억 달러에서 2011년 330억 달러로 증가하였다. 혁신적인 신제품들은 대부분 지속가능 성과의 개선을 가져왔고 연구개발 가치의 90퍼센트를 차지한다. 이 사례는 기업의 윤리

---

23) 순현재가치(Net Present Value)란 기업의 투자사업 선정을 위한 평가방법 가운데 하나로 투자대상 사업으로부터 사업의 최종년도까지 얻게 되는 순편익(편익-비용)의 흐름을 현재가치로 계산하여 합계한 것이다.

경영이 재무성과와 ESG성과를 함께 가져오는 데에는 제품이나 공정에 대대적인 혁신이 필요하다는 것을 보여 준다.[24]

---

24) Eccles and Serafeim (2013)에서 인용

Ethics in Insurance Management

제3부

보험회사들은
윤리경영을 하고 있나?

사회적 책임으로서 윤리경영의 필요성은 제2부에서 논의하였듯이 이제는 모든 기업에 선택이 아닌 의무가 되었다. 보험업계의 오래된 외형 중시 영업 관행은 불완전판매로 직결되어 보험소비자의 민원을 발생시켰으며 신뢰도 저하를 가져왔다. 이러한 윤리적 이슈들을 살펴본 결과 보험에 대한 신뢰도 제고에 필수적인 선결과제가 윤리경영의 수행에 있으며, 그 필요성은 다른 금융회사들보다 더 절실한 것이다.

보험회사들의 윤리경영은 사회적·문화적 차이와 규제환경에 따라서 국가별로 서로 다른 형태로 생성되어 이루어지고 있다. 초기 형태로 기부나 자선 활동이 주를 이루었다면 2000년대에 들어서면서 환경보호, 인권보호 및 노동 이슈, 반부패, 투명성, 취약계층, 자연재해, 기후변화 등의 이슈로 확대되어 오면서 기업의 사회적 책임과 지속가능성과 맞물리며 윤리경영의 범위가 확대되어 왔다고 볼 수 있다. 국내 보험회사들과 선진보험회사들의 윤리경영 사례를 비교하여 살펴보면서 우리의 보험경영에 주는 시사점을 찾아보도록 하자.

국내 보험회사 사례

국내 보험회사들은 생·손보 협회를 중심으로 사회공헌위원회와 사회공헌협의회가 각각 조직되어 사회공헌활동을 하는 것과는 별도로 회사 개별적으로도 프로그램을 운영하고 있다. 윤리경영의 현황을 생명보험업계와 손해보험업계 각각 대형 3개사와 소형 2개사(외국계 포함)를 대상으로 실행사례를 소개한다. 아울러 사회공헌활동 이외에 소액보험과 보험상품 개발 사례를 소개하도록 한다.

생명보험업계

삼성생명

삼성그룹의 일원인 삼성생명은 그룹 차원의 핵심가치와 경영원칙을 제정하여 모든 계열사에 적용하는 것으로 윤리경영과 기업의 사회적 책임을 정의하고 있다.

"우리 삼성은 인재와 기술을 바탕으로 최고의 제품과 서비스를 창출하여 인류사회에 공헌하는 「글로벌 초일류기업」을 지향한다. 이를 위해 「인재제일, 최고지향, 변화선도, 정도경영, 상생추구」를 모든 삼성인이 공유하고 지켜야 할 핵심가치(Samsung Values)로 삼는다. 나아가 우리는 법과 윤리를 추구하고 기업 본연의 역할과 사회적 책임을 다하기 위해 모든 경영활동에서 삼성인의 사고와 행동기준이 될 「경영원칙」

을 제정하고, 이를 적극 실천할 것을 다짐한다."[1]

경영원칙

01. 법과 윤리를 준수한다.

　　1-1 개인의 존엄성과 다양성을 존중한다.

　　1-2 법과 상도의에 따라 공정하게 경쟁한다.

　　1-3 정확한 회계기록을 통해 회계의 투명성을 유지한다.

　　1-4 정치에 개입하지 않으며 중립을 유지한다.

02. 깨끗한 조직문화를 유지한다.

　　2-1 모든 업무활동에서 공과 사를 엄격히 구분한다.

　　2-2 회사와 타인의 지적 재산을 보호하고 존중한다.

　　2-3 건전한 조직 분위기를 조성한다.

03. 고객·주주·종업원을 존중한다.

　　3-1 고객만족을 경영활동의 우선적 가치로 삼는다.

　　3-2 주주가치 중심의 경영을 추구한다.

　　3-3 종업원의「삶의 질」향상을 위해 노력한다.

04. 환경·안전·건강을 중시한다.

　　4-1 환경친화적 경영을 추구한다.

　　4-2 인류의 안전과 건강을 중시한다.

---

1) 삼성생명 웹사이트(www.samsunglife.com) 참조.

05. 글로벌 기업시민으로서 사회적 책임을 다한다.

　　5-1 기업시민으로서 지켜야 할 기본적 책무를 성실히 수행한다.

　　5-2 현지의 사회·문화적 특성을 존중하고 상생을 실천한다.

　　5-3 사업 파트너와 공존공영의 관계를 구축한다.

　삼성그룹의 「경영원칙」은 윤리경영의 기초가 되는 윤리헌장과 윤리적 행동수칙을 포괄하는 내용으로서 이해관계자인 고객, 주주, 종업원, 지역사회, 협력업체(사업파트너)의 이익을 중시하는 내용을 포함하며, 환경친화적 경영을 추구함으로써 지속가능에 부응하는 경영의 원칙들이 삼성생명을 포함한 모든 계열사에 적용되고 있다.

　삼성생명의 사회공헌활동은 크게 5개 분야로 나누고, 각 분야별로 아래 〈표 3.1〉과 같이 다양한 프로그램을 구성하고 있다. 사회공헌활동은 「경영원칙」에 입각하여 지역사회 봉사와 문화·스포츠 활동, 환경경영, 그리고 글로벌 기업시민으로서의 사회적 책임이 실천되고 있으며, 미래의 고객인 아동/청소년 프로그램으로 구성되어 있다.

〈표 3.1〉 삼성생명의 분야별 사회공헌활동

아동/청소년	• 세살마을 사업(2011): 서울시·가천대와 함께 저출산 문제 해결 위하여 공동 운영 • 사람, 사랑 공동육아나눔터(2013): 여성가족부와 연대하여 추진 • 사람, 사랑 세로토닌 드럼클럽(2011): 청소년 정서 순화

지역사회	• 사람, 사랑 퍼플리본(2012): 복지부와 함께 여성청소년 질병예방 • 사람, 사랑 생명사랑: 청소년 자살예방캠페인, 생명의 다리 사업 • 사람, 사랑 소망램프(2007): 저소득층 질병 아동 지원 • 사람, 사랑 봉사단(대학생 봉사): 1997년부터 대학생 봉사활동 지원 • 여성가정 창업 지원(2002) • 장애인 체육팀 지원(2000) • 농어촌 자매결연 활동(2006): 1팀 1촌 • 임직원/FC 자원봉사 활동: 헌혈캠페인(2월), 창립기념자원봉사대축제(5월), 삼성 글로벌 자원봉사대축제(10월), 연말이웃사랑캠페인(12월)
환경	• 그린봉사대(2011): 숲과 생태계 보호 • 창의와 사색의 계단 갤러리: 엘리베이터 대신 건물계단으로 걸어서 올라감 • 그린오피스: 머그컵 쓰기 운동 • 태국 맹그로브 식목활동(2010)
글로벌	• 중국장애인 전동휠체어 지원(2012) • 태국 교육기자재 지원(2012) • 베트남 다문화가정 외갓집 방문 지원(2007)
문화 & 스포츠	• 청소년 미술작품 공모전(1981) • 삼성생명 레슬링단(1983) • 삼성생명 남자탁구단(2002년) • 삼성생명 여자탁구단(2004년)

출처: 삼성생명 웹사이트(www.samsunglife.com)

2016년 하이라이트: 주요 지속가능경영활동과 성과

• 새로운 100년을 위한 서초시대 개막: 사옥 이전(2016.08)

• 국가 고객만족도(NCSI) 13년 연속 1위 달성

• 종합적인 재무컨설팅 제공을 위한 금융복합화 확대

• 질·가치 경영을 위한 영업체질 혁신 노력 전개

• 국내 보험사 최초 다우존스 지속가능경영지수 5년 연속 World 편입

- 금융권 최초 퇴직연금 적립금 20조 원 돌파
- 신규 입사자 대상 'Challenge Fair' 운영
- 고객사랑 시니어서비스 출시
- 노사공동주관 가족친화 프로젝트 운영
- 나눔경영 강화

삼성생명의 주요 지속가능경영활동에 경제적 성장과 이해관계자들에 대한 사회적 책임은 성과에 포함되었으나, 환경보호 및 생태계 보존 등의 활동성과가 포함되지 않은 것은 사회공헌활동의 환경 영역에 관련된 지속가능 활동이 우선순위에서 벗어나 있음을 엿볼 수 있으며, 이 분야에 개선의 여지가 있음을 시사한다.

한화생명

한화생명은 '모든 생명이 존중받는 건강한 세상'을 비전으로 사회적 약자를 배려하는 생명 존중, 신뢰 기반의 진정성 있는 나눔과 지역의 필요에 귀 기울이는 소통의 가치를 추구한다. 한화생명의 사회공헌활동은 〈표 3.2〉에 요약되어 있으며, 5개 분야로 나누어 실행되고 있다.

〈표 3.2〉 한화생명의 주요 사회공헌활동

한화생명 봉사단	• '사랑의 친구 미래의 친구, 다음 세대를 가꾸는 기업'이라는 슬로건하에 사회복지와 문화예술, 자원봉사, 교육 등 다양한 분야에서 나눔과 이웃 사랑을 실현하는 공동체 • 사회봉사단의 이념 및 사업집행과 정책결정을 담당하는 커뮤니케이션팀 내 사회공헌 전담조직이 있으며, 본사 및 전국 10개 지역본부와 지역단 단위로 구성된 154개 봉사팀은 매월 봉사활동 전개 • '사랑모아기금'은 전 임직원과 FP가 자발적으로 참여하여 회사에의 출연기금으로 조성(2018년 1월 1일 현재: 9,604,411,000원)
한화 해피프렌즈	• 미래의 주역인 청소년들이 자원봉사활동을 통해 신체적·정신적 건강은 물론 21세기 글로벌 리더로 성장할 수 있도록 하는 청소년 자원봉사단 • 청소년 치료 지원 프로그램, 해외자원봉사활동, 청소년 자원봉사 대축제 운영
문화예술 후원사업	• 문화나눔을 통한 메세나 활동 시행 • 11시 콘서트, 찾아가는 음악회, 청소년 음악회, 교향악 축제 등
긴급구호활동	• 한화생명봉사단은 재난으로 피해를 당한 지역을 찾아가 구호물품과 피해복구 활동으로 어려운 이웃과 고통을 함께 나눔
기타 공익사업	• 한화생명배 세계어린이 국수전, 한화문화예술 교육사업, 1사1촌 자매결연, 어린이 분유지원사업, 도농교류사업, 정신건강연극제

출처: 한화생명 웹사이트(www.hanwhalife.com)

한화생명의 사회공헌활동은 지역사회 봉사와 문화예술 활동이 주축을 이루고 있으며 환경보호에 대한 회사 차원의 프로그램과 활동은 보이지 않는 바, 이 분야의 개선이 요구된다. 반면에 아래의 윤리헌장과 윤리강령 제정은 윤리경영에 대한 회사의 확고한 의지를 보여 주는 증거라 하겠다.

윤리헌장

한화생명은 전 임직원 및 설계사를 대상으로 투명하고 맑은 경영을 위한 헌장 및 강령을 제정, 시행하여 기업의 윤리경영 풍토를 만들고자 노력하고 있다.

- 한화생명은 '신용과 의리'를 바탕으로 「인류행복」을 최고의 기업이념으로 삼아 고객과 사회로부터 신뢰받는 초우량 기업을 지향한다.
- 고객에게는 변함없는 최상의 금융서비스를 제공하고, 공정하고 투명한 경영을 통해 최대의 기업 가치를 창출하여 고객, 주주와 투자자, 국가와 사회의 공동 이익을 추구한다.
- 이에 우리는 올바른 가치판단의 기준과 행동원칙이 되는 '윤리강령'을 적극 실천할 것을 다짐한다.

윤리강령

- 우리는 고객의 행복을 위해 항상 고객의 입장에서 생각하고 고객을 위한 가치를 창출한다.
- 우리는 합리적이고 투명한 경영활동을 통해 주주가치 극대화에 최선을 다한다.
- 우리는 직원 개개인의 자율과 창의를 존중하고 삶의 질 향상을 위해 노력한다.
- 우리는 윤리적 가치관을 정립하고, 올바른 직무 자세로 금융인으로서의 신뢰와 품위를 높인다.

• 우리는 기업시민으로서 국가와 사회의 발전에 적극 기여한다.

교보생명

교보생명의 윤리경영 수준은 보험업계를 선도하고 있다고 할 수 있는데, 아래 기사 내용은 2000년대 초반부터 지금까지 회사가 추진해온 윤리경영 수행 경과를 요약한 것이라고 할 수 있다.

"교보생명은 2000년 신창재 회장이 '교보인의 윤리헌장'을 선포했다. 윤리경영에 대한 인식이 부족했던 당시 변화 혁신의 시발점으로 윤리경영을 선택한 것이다. 50여 년의 역사를 가진 교보생명은 윤리경영의 내면화를 위해 다양한 캠페인과 직무윤리교육을 지속적으로 실천해오고 있다. 지난 2004년에는 '교보인의 직무윤리실천규범'을 마련했다. '교보인의 직무윤리실천규범'은 사회법규와 회사규정 준수, 고객에 대한 직무윤리 실천, 컨설턴트 존중·배려, 공정거래 실천, 회사 안팎에서의 윤리적 행동 등을 총망라하고 있다. 특히 '의사결정 실명제'는 교보생명만의 남다른 윤리경영의 한 방편이다. 이는 주요 의사결정의 내용과 참여자 등을 체계적으로 관리하고자 도입했다. 이와 함께 임원들이 새롭게 임명되거나 연임할 때 청렴의 의무를 지키겠다는 서약서에 서명을 하는 '직무청렴계약제도'도 있다.

이 같은 윤리경영 노력은 사회적으로 인정받아 지난 2008년에는 경제5단체로부터 생보업계 최초로 '투명경영대상'을 수상했다. 2011년에는 '지속가능경영대상' 지식경제부 장관상을 수상했고, 지난해에는 한

국표준협회의 '대한민국 지속가능성 지수' 생명보험부문 3년 연속 1위에 오르기도 했다. 교보생명은 또 새 사업연도가 출발하면 임직원이 '직무윤리실천 다짐서약'에 참여하고 있다. '직무윤리실천 다짐서약'은 업무를 수행하면서 직무윤리실천규범을 준수하고 맡은 바, 성과 책임을 다한다는 다짐으로 지난 2006년부터 한 사람도 빠짐없이 전 임직원이 8년째 참여하고 있다."[2]

〈교보다솜이 사회봉사단 창단 선언문〉

우리는 지구촌 한 가족의 일원으로서 이제 가족사랑, 이웃사랑, 인간사랑을 몸소 실천하는 기업이 되려고 합니다. 이를 위해 교보다솜이 사회봉사단을 창단하여 더불어 살아가는 사회, 건강하고 따뜻한 세상을 만들어 가는 데 앞장서려고 합니다. 교보다솜이 사회봉사단은 "모든 사람이 삶의 역경을 극복하여 보람 있는 인생을 계속 누릴 수 있게 도와주고자" 하는 교보생명의 핵심 목적과 맥을 같이하여 건강, 노후생활, 교육복지 분야 등 교보생명의 업의 본질과 관련된 사회문제 해결에 능동적으로 참여함으로써 건강한 사회를 앞당겨 실현함에 있어 최대한 효율적으로 기여하는 것을 사명으로 합니다.

교보생명의 사회공헌활동의 중심에는 '교보다솜이 사회봉사단'이 자리 잡고 있는데 사회공헌활동은 가족, 어린이, 자원봉사, 여성, 청소년/대학생, 금융교육의 6개 분야로 나누어서 운영되고 있다.

---

2) 이투데이, 2013.10.04.

보험경영과 윤리

<표 3.3> 교보생명의 주요 사회공헌활동

가족	• 가족사랑 농촌체험/목장체험
어린이	• 다솜이 작은 숨결 살리기 • 사랑의 띠잇기 • 교보생명컵 꿈나무 체육대회
자원봉사	• **임직원 자원봉사**
여성	• 교보다솜이 간병봉사단
청소년/대학생	• 대학생 동북아장정 • 교보생명 희망다솜장학금 • 청소년 자원봉사캠프
금융교육	• 1사1교 금융교육

출처: 교보생명 웹사이트(www.kyobo.co.kr)

지속가능경영

교보생명은 모든 이해관계자와의 공동발전을 추구해 나간다는 지속
가능경영 철학에 근간하여, 이해관계자에 대한 약속 및 약속실천을 위
한 원칙 13개를 설정하였다. 또한 이에 대한 이행 상황을 확인할 수 있
는 핵심성과지표를 선정하였다.

〈이해관계자에 대한 약속 및 약속실천을 위한 원칙〉

고객보장을 잘하는 회사

1. 고객의 소리에 귀 기울이고, 고객의 눈으로 기업을 경영하겠습

니다.

2. 가입부터 유지, 지급까지 서비스 품질을 높이겠습니다.

   핵심성과지표: 보장유지율(13회차), 고객만족도, 시장점유율

재무설계사와 함께 성공하는 회사

3. 비즈니스 파트너로서 존중하고 신뢰하겠습니다.

4. 공정한 기준을 마련하고 세일즈&서비스 활동을 안심하고 수행할 수 있도록 돕겠습니다.

5. 보험 전문가로 발전할 수 있도록 지원하겠습니다.

   핵심성과지표: 재무설계사 만족도, 재무설계사 정착률(13차월)

임직원과 함께 성장하는 회사

6. 재미·긍지·신뢰의 신바람 나는 문화를 이어 가겠습니다.

7. 공평한 기회를 제공하고 공정한 평가에 따른 보상을 하겠습니다.

8. 전문가로 성장·발전할 수 있도록 돕겠습니다.

   핵심성과지표: 임직원 만족도, 임직원 1인당 교육시간

투자자에게 매력적인 회사

9. 좋은 성장을 통하여 탁월한 이익을 지속적으로 창출하겠습니다.

10. 선제적 리스크관리를 통해 회사의 가치를 높이겠습니다.

    핵심성과지표: 총자산, 자기자본이익률(ROE), 재무건전성비율(RBC)

정부, 지역사회와 함께 발전하는 회사

11. 상생의 사회공헌활동을 적극적·능동적으로 추진하겠습니다.

12. 업의 특성을 반영한 환경경영활동을 이행하겠습니다.

13. 공정경쟁을 통하여 파트너와 동반 성장하겠습니다.

　　핵심성과지표: 사회공헌지원비율(액), 사회책임투자(SRI) 비중, 에너지 사용량

　교보생명의 이해관계자와의 약속은 고객, 주주, 임직원, 지역사회뿐 아니라 재무설계사와 정부, 그리고 사업파트너를 포함하는 포괄적인 윤리경영 실천 의지를 표명하고 있다. 아울러 주요 이해관계자에 관련된 정량적인 핵심성과지표를 선정하고 지표관리를 통하여 지속적인 개선을 유도하고 있는 것이 특징이다.

　원칙 12에 환경경영활동의 이행을 약속한 것은 교보생명의 지속가능경영 의지를 보여 주는 것이다. 교보생명은 2010년 9월 국내 보험사 최초로 유엔글로벌컴팩트[3]에 가입하였으며, 유엔글로벌컴팩트가 제시하는 10대 원칙을 준수하고 있다.

---

3) 유엔글로벌컴팩트(UN Global Compact)란 세계경제와 사회가 현재뿐만 아니라 미래에도 더욱 안정되고 균형되며 지속적으로 번영해 나갈 수 있도록 하자는 취지에서 제안된 것으로서, 많은 기업들과 유엔의 기구들이 함께 파트너십을 통해 인권, 노동, 환경, 반부패 분야의 10대 원칙을 시지하고 동참하자는 자발적 사회책인 국제협약이다.

〈표 3.4〉 유엔글로벌컴팩트 10대 원칙

구분	원칙
인권	1. 국제적으로 선언된 인권보호를 지지하고 존중해야 한다.
	2. 인권침해에 연루되지 않도록 적극 노력한다.
노동기준	3. 기업은 결사의 자유와 단체교섭권의 실질적인 인정을 지지한다.
	4. 모든 형태의 강제 노동을 배제한다.
	5. 아동노동을 효율적으로 철폐한다.
	6. 고용 및 업무에서 차별을 철폐한다.
환경	7. 기업은 환경문제에 대한 예방적 접근을 지지한다.
	8. 환경적 책임을 증진하는 조치를 수행한다.
	9. 환경친화적인 기술의 개발과 확산을 촉진한다.
반부패	10. 기업은 부당이득 및 뇌물 등을 포함하는 모든 형태의 부패에 반대한다.

출처: UN Global Compact (http://www.unglobalcompact.org/AboutTheGC/
TheTenPrinciples/index.html).

처브라이프(Chubb Life)생명

국내에서 보험사업을 하는 생명보험회사 중에 사업규모가 가장 작은 회사는 국내사로 교보라이프플래닛과 외국계로 처브라이프생명을 들 수 있다. 처브라이프생명은 미국에 본사가 있는 에이스ACE 보험그룹의 한국 내 자회사로서, 2016년에 처브보험그룹이 에이스보험그룹에 인수되면서 국내에서 생명보험 사업을 해오던 에이스생명의 사명을 처브라이프로 변경했다. 국내에서는 가장 소규모 보험사업자이기에 소형사의 윤리경영 실태를 파악하는 대상으로 선정하였다.

처브라이프는 사회공헌활동의 비전으로 '사회봉사에 대한 이념 및 실천을 경영활동으로 인식하고, 처브라이프의 4대 사회공헌 실천항목을 만들고 추진하며, 이를 통해 건실하고 좋은 생명보험사로 도약한다'는 것이다.

4대 실천항목

1. 사회공헌을 연간 경영·인사정책에 통합하여 운영
2. 전사 차원의 사회공헌의 날 제정
3. 생명보험업에 맞는 봉사활동 선정
4. 그룹과 연계, 아태지역 현지법인을 통해 국제교류 활성화 추진

회사의 웹사이트에 행동규범으로 '우리의 약속(Our Promises)'을 명시하였다.

- 내가 한 일에 책임을 집니다.
- 고객의 말씀을 잘 듣고 실행합니다.
- 상대를 배려하여 행동합니다.
- "할 수 있다. 주인이다."라는 자세로 일합니다.
- 약속을 지켜 동료를 돕습니다.

사회공헌활동의 내용을 보면 2014년~2015년에 '성가정 입양원'에 매월 봉사활동을 하며, 저소득가정 및 보육원 등에 수시로 물품지원 및 후원금을 전달해 왔다. 앞에 소개된 대형 3개사의 윤리경영/사회공헌활동과 비교하면 봉사활동 위주이며, 행동규범을 보아도 이해관계자로서 고객에 대한 규범만 명시되어 있다. 종합해 보면 외국계 소형사의 한계로서 구체적인 체계와 세부적인 내용들이 공식화되어 있지 않고, 공시된 활동을 보아도 아직은 초기단계로 보인다. 그룹 차원의 윤리경영과 사회공헌활동은 본사가 소재한 미국 내에서 주로 이루어지고 있다.

교보라이프플래닛생명

교보라이프플래닛생명은 국내 최초의 인터넷 생명보험회사로서 윤리경영을 지향하고 있다는 점에서는 대형 보험회사들과 차이가 없다. 사회공헌활동의 비전은 "나는 당신을 돕고 당신은 언젠가 나를 도와줍니다."이며, 회사의 워드마크(word mark)는 고객과 같은 눈높이, 같은 생각, 같은 마음으로 바라보며 늘 미소 짓게 하겠다는 의미를 품고 있다. 사회공동체의 일원으로서 모두가 밝게 미소 지을 수 있는 밝은 사회 만들기에 임직원 모두가 참여하여 나눔을 실천하는 데 최선을 다하겠다고 명시함으로써 사회공헌활동의 주 대상이 지역사회임을 제시하고 있다.

활동 내역을 보면 2014년에 뚝섬아름다운나눔장터, 2015년에는 구세군 서대문 아동복지센터에 임직원이 봉사활동을 펼치는 것으로 전환했다가, 2016년부터는 홀트아동복지회 본사에서 매월 봉사활동을 하는 것으로 전환하여 지금까지 진행하고 있다. 2014년~2015년에는 지역사회·공익사업에 적은 금액이지만 급식지원, 청소도구 등으로 기부활동도 해 왔다. 봉사활동에 집중해 왔으며 최근에 와서 기부활동을 포함하고 있지만, 사회공헌활동의 다양성 측면에서는 소형회사로서의 한계가 있다.

손해보험업계

삼성화재

"삼성화재는 준법감시인 선임, 윤리강령 및 행동지침 개정, 공정거래 자율준수 선포 등 다양한 활동을 통해 윤리경영을 실천하고 있으며, 윤리경영에 대한 고객의 기대에 부응하고 모든 이해관계자들에게 진정으로 신뢰받는 회사가 되기 위해 노력하고 있습니다."[4) 이는 앞서 소개된 삼성생명과 마찬가지로 삼성그룹의 경영원칙에 기반하여 이해관계자들을 존중하며 윤리경영을 수행하고자 하는 의지가 담겨 있는 것이다.

삼성화재는 2010년부터 지속가능경영보고서를 발간하고 있으며,

---

4) 삼성화재 웹사이트(https://www.samsungfire.com)에서 인용

2012년부터는 CEO가 위원장으로 참여하는 사내 '지속가능경영위원회'를 운영하고 있다. 또한 대표적인 글로벌 지속가능경영 벤치마크 지수인 '다우존스지속가능경영지수(DJSI)'와 '런던증시사회책임경영지수(FTSE4GOOD)'에 편입됐다.

유엔환경계획 금융이니셔티브(UNEP FI)에 2010년부터 참여하여 지속가능금융 확산에 노력하고 있으며, 보험사의 지속가능경영을 추구하는 국제협약인 '지속가능보험원칙(PSI: Principles for Sustainable Insurance)'5)에 2015년 국내 최초로 가입했으며, 2015년부터 지배구조 원칙과 정책 및 현황을 담은 지배구조 모범규준 연차보고서를 공시하고 있다.

국내 손해보험업계의 선두 주자인 삼성화재의 윤리경영은 사회공헌 활동과 지속가능경영활동으로 구분하여 추진되고 있다. 지속가능경영 활동은 다양한 이해관계자들로 구분하여 활동이 보고된다. 즉, 주주 및 투자자·고객·임직원·협력업체·지역사회·환경의 6개 집단이며, 각 집단에 관련된 활동은 〈표 3.5〉에 요약되어 있다.

---

5) PSI는 전 세계 200여개 금융기관이 회원으로 가입된 UNEP FI가 2012년 6월 '리우+20 지구정상회의'에서 선포한 국제협약으로 보험사의 핵심 경영활동에 지속가능성을 접목시킨다는 내용을 담고 있으며, 현재 스위스리, 뮌헨리 등 세계적인 보험사 44곳과 유관협회 33곳 등 총 77곳이 PSI에 동참하고 있다.

〈표 3.5〉 삼성화재의 지속가능경영 체계

이해 관계자	주주/투자자	• 투명한 지배구조 • 정도를 지키는 윤리경영 • 선제적 리스크관리 • 창의와 혁신을 통한 도약
	고객	• 고객만족 서비스 체계 • 고객만족 상품 개발 • 고객감동 서비스 제공 • 고객안전 강화
	임직원	• 임직원 가치 제고 • 소통경영의 확산 • 일과 삶의 조화
	협력업체	• 행복파트너 RC • 협력업체와의 상생경영
	지역사회	• 업의 본질을 살린 사회공헌 • 지역사회 참여 • 임직원 나눔 • 사회적 보험 상품 서비스
	환경	• 녹색경영 체계 • 기후변화 완화와 적응 • 친환경 보험상품 서비스

출처: 삼성화재 웹사이트(www.samsungfire.com)

　사회공헌활동 체계는 4대 테마를 갖고 각 테마별로 주요 사업을 수행하고 있다. Safety(교통·생활안전), Motivation(장애인), Involvement(지역사회)[6], Future(아동·청소년)의 4대 테마에 각각 3~4개의 공헌사업이 시행

---

6) Involvement(지역사회)에 속하는 공헌사업은 임직원과 RC(Risk Consultant, 보험설계사)의 공헌활동이다.

보험경영과 윤리

되고 있으며, 각 공헌사업에는 1~3개씩의 공헌활동이 구성되어 추진되고 있다(〈표 3.6〉 참조).

〈표 3.6〉 삼성화재의 주요 사회공헌활동

교통문화 사업	교통사고 유자녀 지원사업(1993)	• 대표공헌사업 • 생활장학금 및 교복 지원
	삼성화재 교통박물관	• 삼성애니카교통나라(1999): 교통안전학습장 운영 • 자동차 문화 형성 및 정착
	삼성 교통안전문화 연구소	• 선진 교통문화 정착위한 학술활동 • 교통안전사업 추진
	해피스쿨	• 어린이 교통 및 안전사고 예방
장애인 지원 사업	안내견 지원 사업	• 시각장애인 안내견 기증(1995)
	장애인 인식개선 사업	• 우수 시각장애학생 장학금 지원(2004) • 장애청소년 위한 음악재능 캠프(2009) • 우수 장애통합학급 시상(2000)
	장애이해교육영상물 제작	• 장애 이해 교육드라마 • 공공기관 종사자용 교육영상
	500원의 희망선물	• 저소득층 장애인 생활환경 개선: 삼성화재 RC 기부금(2005)
교육문화 사업	중학생 꿈터 공부방	• 사회적 지원이 필요한 중학생에게 장위종합사회복지관에 공부방 운영
	문화재 지킴이	• 문화재청과 1문화재 1지킴이 활동 결연(2005)
	순직경찰소방유자녀지원	• 순직 경찰관 및 소방관 유자녀에게 '삼성화재 큰 사랑장학금' 지원(2011)

임직원 사회공헌	삼성화재 사회봉사단	• 봉사활동 이벤트: 헌혈캠페인, 자원봉사대축제, 연말이웃사랑캠페인 • 1부 1촌 농촌결연활동
	드림스쿨 캠페인	• 초중고 학교 숲 조성 사업(2012)
	결연아동 및 인재양성 지원	• 드림펀드 기금으로 1부서 1아동 결연사업 (2013) • 소외계층 대상으로 우수학생 선발하여 인재양성 사업 지원(2015)
	드림놀이터	• 드림펀드로 드림놀이터 조성(2014) • 파트너 단체: 아이들과 미래
RC 사회공헌	500원의 희망선물	• 설계사/대리점이 장기보험 계약 체결시마다 500 원씩 기부하여 저소득층장애인 생활환경 개선사 업 지원(2005)

출처: 삼성화재 웹사이트(www.samsungfire.com)

현대해상

현대해상의 윤리경영은 경영이념인 고객만족 정신을 실현하기 위하여 투명한 경영과 영업, 공정한 업무처리로 고객에게 믿음과 신뢰를 심어 주는 현대해상의 모든 경영활동을 가리킨다. 현대해상은 21세기 초일류 보험회사를 목표로 기업윤리강령을 제정하고, 이를 올바르게 실천하여 고객, 임직원, 주주, 협력업체, 국가 및 사회에 책임과 의무를 다하는 윤리경영을 실현하고자 한다. 이를 위하여 임직원 윤리강령과 영업가족 윤리가이드를 제정하여 윤리경영의 지침으로 삼고 있다.

현대해상은 기업활동과 직원의 업무상 문제의 소지가 있을 수 있는 주요 부문에 대한 지침을 규정화함으로써 오랫동안 준법원칙을 지속해 왔다. 이에 더해 윤리강령은 업무 수행 중 일어날 수 있는 문제 소지 부분에 대해 판단기준을 제시해 줄 뿐만 아니라 도덕성과 신뢰성에 대한 의문과 문제 발생 시 어떻게 해야 하는지 알 수 있도록 해 준다.

임직원 윤리강령은 '성실하고 올바른 근무 자세를 유지하고 있는가?', '나의 업무 수행이 자신과 고객 회사 모두를 위한 것인가?', '공정하고 자유로운 경쟁을 하고 있는 것인가?', '우리의 기업 활동이 지역사회 및 국가 발전에 기여하고 있는가?' 등 업무 중 윤리적 기준에 적합한지를 자기 자신에게 반문하는 지침이 되는 것으로 성실히 준수한 임직원에 대해서는 포상을 실시할 수 있으며, 궁극적으로는 임직원의 자긍심 고취로 인한 업무 효율의 향상을 유도하고 회사의 경쟁력과 고객의 신뢰를 제고하여 기업의 가치를 극대화하는 데 그 목적이 있다.

윤리강령에는 임직원의 책임과 의무에 해당하는 항목이 12개로 가장 많으며, 세부항목의 경우에 임직원이 지켜야 할 기본윤리가 10개로 제일 많다(〈표 3.7〉 참조). 이는 윤리경영의 주체는 회사를 운영하는 구성원인 임직원이며, 한편으로 윤리경영 실천에 가장 중요한 대상임을 보여 준다.

〈표 3.7〉 현대해상의 윤리강령

윤리 강령	임직원의 책임과 의무	• 임직원이 지켜야 할 기본윤리(10개 세부항목)[7] • 법규 및 사규 준수(3) • 회사재산 및 금전관리에 투명(2) • 직원에 대해 차별대우 금지(2) • 성희롱 금지(3) • 직장동료 간에 인격 존중, 예의 및 성실(4) • 직원 간에 금전거래 금지(1) • 사내정보 업무 목적 이외 사용 금지(4) • 건전한 사이버문화 정착에 노력(9) • 금융인으로서 경제윤리 준수(7) • 미공개정보 이용 증권거래 금지(2) • 회사의 명예 실추 언행 금지(2)
	고객에 대한 책임과 의무	• 고객만족은 모든 판단과 행위의 최우선 기준(4) • 고객의 알 권리 존중(2) • 고객의 개인정보 보호할 책임(1) • 고객의 이익관리에 최선(1) • 항상 편안하고 쾌적한 창구환경 조성(2) • 고객보호 위하여 정확하고 효율적으로 업무 처리(5)
	주주에 대한 책임과 의무	• 주주의 이익을 최대한으로 보장(5) • 주주에게 성실히 정보제공 및 공정한 공시기준 이행(3) • 모든 주주를 평등하게 대우(1) • 엄격한 회계관리(3)
	경쟁자에 대한 책임과 의무	• 영업 활동에 공정한 경쟁(6) • 공정거래자율준수 프로그램 준수(4) • 부당한 공동행위(담합) 금지(2) • 불공정거래행위 금지(2) • 자회사(계열사)간 부당한 내부거래 금지(3) • 상표 및 저작권 보호에 관한 법률 준수(5)
	국가와 사회에 대한 책임과 의무	• 신뢰성 있고 윤리적인 지역사회 공헌활동 수행(4) • 해당 지역의 법규와 풍습 존중(2) • 정치에 개입 금지(2) • 교통문화 개선을 위해 노력(1) • 환경문제 해결에 적극 참여(1) • 보험산업 발전에 이바지하는 제도 발굴·개선에 노력(1)

출처: 현대해상 웹사이트(www.hi.co.kr)

---

7) 각 항목의 세부항목은 기술을 생략한다.

보험경영과 윤리

영업가족 윤리가이드는 '직업윤리를 가지고 법규 준수를 하고 있는가?', '보험모집질서를 스스로 준수하려고 노력하는가?', '보험계약유지를 위해 고객의 요구와 불만을 긍정적으로 수용하고 처리하고 있는가?', '항상 올바른 언행과 품위를 유지하고 있는가?' 등 영업 활동 중 필요한 윤리적 기준을 제공하고 있다〈표 3.8〉 참조). 이 윤리가이드는 영업가족이 활동 중에 일어날 수 있는 문제 소지 부분에 대해 예방할 수 있는 윤리기준을 제공하며, 고객접점의 최일선에 있는 모든 영업가족에게 활동 시 반드시 숙지하고 실천해야 할 윤리 및 관련법규를 알기 쉽게 전달하기 위해 만들어졌다. 궁극적으로는 윤리적인 영업 활동으로 고객에게 신뢰감을 심어 주고, 회사의 경쟁력을 높이며, 영업가족이 회사에 대한 자긍심을 가지고 보람 있는 전문직업인으로 생활할 수 있도록 하는 데 목적이 있다.

〈표 3.8〉 현대해상의 영업가족 윤리가이드

영업 가족 윤리 가이드	영업가족의 기본윤리	• 직업 윤리(8개의 세부항목 포함) • 법규 준수(4)
	고객에 대한 윤리 –보험회사	• 고객니즈에 맞는 상품 선정하여 완전판매(5) • 3대 기본 지키기 철저 이행(3) • 보험모집질서 철저 준수(4) • 공정경쟁하며 경쟁사 비방 금지(3)
	고객에 대한 윤리 –보험계약 유지	• 고객의 요구와 불만사항 즉시 해결(2) • 보험료 정확히 수령(6) • 계약유지 및 보험금 수령 안내사항 적기 제공(8) • 고객의 계약정보 및 비밀 철저히 보호

영업 가족 윤리 가이드	올바른 언행과 품위 유지	• 바른 마음가짐과 예절 준수(5) • 전문직업인으로 올바른 용어 사용(4) • 공·사를 명확히 구분(5) • 사회적 물의를 일으키는 행위 금지(1) • 자원절약 및 낭비요소 배제(1) • 사회봉사활동 참여하여 고객사랑 실천(1)

출처: 현대해상 웹사이트(www.hi.co.kr)

현대해상 윤리경영 체계의 특징은 임직원뿐만 아니라 외야 조직인 영업가족을 위한 윤리가이드도 제정하여 준수하도록 하고 있다는 것이다. 비윤리적인 영업행위에 유혹받기 쉬운 모집조직에게 전문직업인으로서 갖추어야 할 기본적인 윤리의식과 행동규범을 제시했다는 데에의의가 있다.

사회공헌활동은 아래 〈표 3.9〉에 요약되어 있으며, 별도로 환경·경제·사회의 세 가지 측면에서 균형 있는 발전과 성과를 거두기 위하여 '지속가능성보고서'를 주주·임직원·고객·사회·경제·환경의 6개 분야로 나누어서 2005년부터 발간하고 있다. 이에 대한 언론 보도를 보면 "현대해상은 기업 미래성장 가능성 여부를 평가하는 새로운 방식의 '지속가능성보고서'를 국내 보험업계 처음으로 발간했다.

이는 그동안의 보험회사 평가 잣대였던 매출이나 순익 등의 실적 중심을 벗어나 사회환원활동 등 사회기여도나 환경적 건전성, 경제적 수익성 등에 맞춘 것으로, 최근 세계적인 트렌드로 부상하고 있는 신개념 기업정보보고서이다."8)

〈표 3.9〉 현대해상의 사회공헌활동

Hi-Life 봉사단 (2005) (단장:CEO)	전사적 봉사활동	• 전국 20여개 기관 후원 및 임직원 연 1회 의무 봉사활동 • 국립공원 환경보호 활동 후원 및 봉사활동 • 수해/재난 복구활동 지원
아동 청소년	아주 사소한 고백	• 학교폭력예방 및 청소년 힐링(healing) 프로그램 • 연 4회 카운슬링 콘서트, 고백엽서, 고백 앱(온라인) 운영
	틔움교실	• 청소년 인성교육: 취약계층 청소년 대상
교통안전 분야	Hi-Car 여성운전자 교실(1997)	• 여성운전자의 안전운전을 위한 무료교실 운영
	Hi-Mom 119교실 (2012)	• 영유아 안전관리에 미숙한 초보맘 대상 안전사고 예방법 무료 교실 운영
	Walking School Bus	• 학교 주변 교통안전지도 작성 등 안전 컨설팅 • 저학년 하교 시 교통안전 지도
	어린이교통안전 음악대회	• 어린이 교통안전의식 제고 위한 음악대회 개최
약자 보호 나눔 실천	사랑나눔 장터	• 자원 재활용 및 나눔문화 확산 위해 전임직원의 자발적 기증물품으로 장터 진행 및 수익금 기부
	사랑의 쌀 나누기	• 결식아동 및 소외계층의 따뜻한 겨울나기를 위해 사랑의 쌀 기부 및 배식 봉사활동
	구세군 성금	• 소외된 이웃을 위한 나눔 활동 • 2012년 '베스트 도너 클럽' 가입
	자투리 사랑	• 교통사고 유자녀의 장학금, 생활지원

---

8) 헤럴드경제, 2005.11.02.

녹색경영	친환경상품 개발	• 친환경 자동차보험 통한 중고부품사용 활성화 • 자원 절약/자전거 이용 장려 위한 보험 판매
	전사적 에너지절감	• 점심시간 소등/퇴근시간 부분소등, 전자결재/ERP 시스템 활성화 등 에너지 절감 위한 시스템 구비 • 전임직원의 에너지 절감 참여 캠페인
	환경관련 국제단체 가입 및 지지	• UNEP-FI: 1995년 업계 최초 유엔 산하기관인 유엔환경계획의 금융이니셔티브 가입 • CDP: 2005년 업계 최초 탄소정보공개 프로젝트 지지 선언, 자발적 탄소정보공개에 동참

출처: 현대해상 웹사이트(www.hi.co.kr) 및 내부자료

DB손해보험

DB손해보험의 윤리경영은 사회공헌활동과 CSR경영 실천의 체계를 일찍부터 갖추고 있으며, 자체적으로 윤리지수를 개발하여 회사의 부문별 업무 특성을 반영하여 평가해 오고 있다. 또한 2009년부터 이해관계자들을 대상으로 한 지속가능보고서를 발간하고 있다. 사회공헌활동의 체계는 지속가능경영실무위원회 내 사회분과에서 담당하며, 사회공헌활동 담당자는 8명(CSR 사무국 비상근 포함)으로 조직되어 있다. 임직원 및 이해관계자를 포함한 '사회공헌가이드라인'을 2011년 11월 제정하여 사회공헌활동 전반에 적용하고 있다.

주요 사회공헌활동을 〈표 3.10〉에 요약한다. DB손해보험의 특이할 만한 활동으로는 PA(Prime Agent, 보험설계사) 프로미 봉사단을 조직하여 전국 영업조직망과 동일한 48개 봉사단을 구성하여 선도적으로 봉사활동을 벌이고 있다는 점이다. 이는 정규직원이 아닌 촉탁직인 보험설

계사로 하여금 회사에 대한 소속감을 강화시켜 줄 뿐 아니라 자발적인 봉사활동을 통하여 잠재 고객들에게 영업조직의 이미지 개선에도 기여할 것으로 보인다.

〈표 3.10〉 DB손해보험의 주요 사회공헌활동

대표 사회공헌 사업	옐로우 카펫	• 아동 사망사고의 큰 부분을 차지하는 학교근처 횡단보도 교통사고 예방을 위해 옐로카펫 설치 • 아이들이 안전하게 신호를 기다리게 하고, 운전자는 시각대비로 아이들을 더 주의 깊게 볼 수 있음 • 2016년 7월 15일 안암초등학교 설치 이래 2017년 7월 21일 현재까지 전국에 86군데 설치
프로미 봉사단 (단장: CEO)	'나눔의 아름다움' 실천 위해 2006년 발족	• 프로미 하트펀드: 사회공헌활동 기금 • 사랑의 쌀 나누기(2006) • 사랑 담은 김장김치(2006) • 사랑의 연탄 나누기(2009) * PA프로미봉사단을 발족하여 영업조직의 자발적 봉사활동 장려: 옐로카펫 설치에 선도적 활동
후원활동	소방공무원 후원	• KBS 119상 후원(2013) • 소방공무원 유가족 지원
	스포츠 후원	• KPGA Promy배 골프대회(2005) • 하계유니버시아드 대회 후원(2003) • FIFA U-17 World Cup Korea 2007 후원 • 시니어 볼링대회 주최(2009) • 프로농구팀 창단(2005)
	다문화가족 후원	• 강원지역 다문화가정 후원(2011) • 러브하우스, 어울림캠프, 합동돌잔치
	청각장애 야구단	• 차별 없는 세상 위해 충주성심학교 청각장애야구단 후원(2013)
	희귀난치성 질환	• 희귀·난치성 질환 환우 지원(2011)

	교통사고 줄이기 캠페인	• 교통사고 안전교육(2011) • 휴가철·명절 차량무상점검서비스(2013)
교통안전·문화 사업	소비자 금융교육	• 청소년 금융교육 실시(2015)
	녹색경영	• 친환경 보험상품(에버그린 특약) 개발 • 에너지 절감 및 자연보호 활동 • 전자문서 시스템(EDMS) 구축 • 그린 스타트 캠페인 • 녹색구매(2007)
UNGC	UN Global Compact 가입(2011)	• UNGC가 제시하는 인권·노동·환경·반부패 분야의 10대 원칙을 준수하겠다는 의지

출처: DB손해보험 웹사이트(www.idbins.com)

AIG손해보험

AIG손해보험은 1954년 최초로 국내에 진출한 외국계 손해보험회사로서 국내에서의 입지는 비교적 작지만 나름대로의 윤리경영을 꾸준히 실천해 오고 있다. 사회공헌활동의 목표는 '다양한 사회공헌활동을 통해 기업의 이익을 사회에 환원하고 나눔을 실천하는 기업문화를 만들어 갑니다.'로 정하여 지역사회지원 프로그램과 임직원자원봉사휴가제도, 긴급재난구호의 세 부문으로 나누어 실행하고 있다.

지역사회지원 사업은 세 가지로 첫째, 한국 해비타트(Habitat)의 '희망의 집짓기' 사업을 후원함으로써 열악한 주거환경으로 고통받는 가정들이 안락한 집에서 자립할 수 있도록 적극 지원하고 있으며, 매년 1천만 원의 건축 후원금을 전달하고, 임직원들의 자원봉사를 통해 춘천지역 저소득층 세대가 거주할 수 있는 보금자리 완공을 지원하고 있다.

둘째, AIG손해보험은 월드비전과 결연을 맺고 저소득층 아동을 위한 '사랑의 도시락 나눔' 봉사활동을 전사적으로 실시하고 있다. 임직원들은 정기적으로 자원봉사에 참여하여 꿈빛마을에서 150개의 도시락을 만들어 은평구에 거주하는 어려운 가정환경의 아동 및 장애인과 독거노인들에게 직접 조리한 영양가 있는 도시락을 제공하고 있다.

셋째, '더 좋은 내일 만들기'는 직원들이 자발적으로 참여하여 지역사회에 나눔을 실천하는 자원봉사 캠페인으로 매년 'AIG 글로벌 자원봉사의 달'에 맞춰 실시되는데, 이 기간 동안 전 세계 AIG 직원들은 동시에 다양한 봉사활동에 참여하며, 한국에서는 모든 임직원이 매년 다양한 자원봉사 프로그램에 참여하고 있다.

2012년부터는 '임직원 자원봉사 휴가제도'를 도입하여 지역사회 개선을 위한 임직원의 봉사활동을 적극 장려하고 있다. AIG 및 그 자회사의 모든 임직원들은 연간 총 16시간(2일간)의 자원봉사휴가가 주어지며, 지역사회 이익을 위한 단체 및 기구와 수행하는 프로젝트 또는 검증된 기관에서 실시하는 자원봉사에 참여할 시 유급휴가로 대체할 수 있다.

끝으로 AIG는 갑작스런 재난과 재해로 예기치 못한 어려움에 처한 이웃들에게 도움의 손길을 주고자 노력하고 있다. 직원들의 자발적인 모금활동을 통해 아이티지진 피해 구호성금 및 파키스탄-중국 지진 피해 구호성금을 마련하여 전달하는 등 재해지역에 대한 복구 활동과 기금에 동참하고 있다. 이와 관련하여 AIG재난구호기금(AIG Disaster Relief Fund)은 AIG가 약 10년 전에 창설한 글로벌 자선기금으로서 자연재해 및 재난의 피해자들을 위한 다양한 지원에 활용되고 있다.

AXA다이렉트

AXA다이렉트는 세계최대 글로벌 보험그룹인 AXA가 지배주주로서 국내에서 다이렉트 자동차보험을 2001년 최초로 시작한 이래 장기보험과 특종보험으로 보험사업 종목을 확대해 왔다. AXA의 사회공헌 메시지는 '사람을 보호하는 사람들(People protectors)'로서 사회에 기여한다는 의미로 AXA가 생각하는 보험의 본질은 바로 '곤경에 처한 사람들을 돕고, 그들을 위험으로부터 보호하는 일'이라고 본다.

사회공헌 활동에 대한 AXA의 관점은 "보험 분야가 장기적인 사업인 동시에 모든 사람들과 만들어 가는 신뢰라는 점을 그 누구보다도 잘 알고 있으며, 우리의 기업 활동 전반에 걸쳐 이러한 신뢰를 얻고 그것을 바탕으로 우리가 속한 사회의 발전에 기여하고자 한다. AXA의 기업책임(Corporate Responsibility)은 기업이 오래도록 지속되면서 지역사회에 도움이 되는 경제적인 성장에 기업이 기여하는 것을 의미하며, AXA의 기업 책임은 주주·직원·고객·협력업체·환경·지역사회의 6개축을 바탕으로 이루어진다."[9]

AXA보험그룹의 사회공헌 활동은 국내 AXA다이렉트에 동일하게 적용·공유된다. 즉, AXA다이렉트의 자체적인 사회공헌보다는 그룹 차

---

9) AXA다이렉트 웹사이트(www.axa.co.kr)에서 인용한다.

원의 사회공헌 비전과 활동이 국내 자회사에도 적용된다고 본다.

〈표 3.11〉 AXA다이렉트의 이해관계자별 기업책임

직원	AXA는 비즈니스 전략의 가장 중심에 직원 몰입을 두는 책임감 있는 고용주가 되겠습니다. 이를 달성한다는 것은 모두에게 다양성과 동등한 기회를 조성하고, 직원의 참여를 북돋우며, 경력 개발을 증진하고, 직원의 행복을 지원하는, AXA의 가치들에 기반한 일터를 만드는 것을 의미합니다.
고객	AXA는 명확하고 투명한 의사소통 및 상품 마케팅, 책임감 있는 보상프로세스 관리를 통해 책임감 있는 고객관계를 구축하고자 합니다. 우리는 사회적으로 또 환경적으로 책임 있는 행동들을 장려하고 보상하는 양질의 상품 및 서비스를 제공하고자 합니다.
협력업체	AXA는 책임감 있는 공급관계가 되고자 합니다. 금융서비스 기업으로서, 우리가 사회에 끼치는 많은 영향들은 우리의 '생산' 프로세스가 아닌, 종이를 구매하는 것에서부터 보험 보상업무에 대한 서비스 공급자와의 계약에 이르기까지 우리가 선택하는 공급업체와 관련이 있습니다. 이러한 선택을 함에 있어 우리는 협력업체 선정 및 관리 과정 속에 사회적이고 환경적인 기준들을 마련하고 있습니다.
주주	주주를 향한 AXA의 책임감은 건전하고 투명한 기업지배구조와, AXA 표준 및 윤리규범에 힘입은 윤리적인 비즈니스 문화를 통하여 회사의 장기적인 생존을 확신하는 것을 포함합니다. 또한 우리 사업의 영향이 사회에 미치는 영향이 크다는 점을 인식하면서, 우리는 사회적이고 환경적인 이슈들을 우리의 기업지배구조, 리스크관리 과정 및 투자전략에 포함시키고자 합니다.
지역사회	책임감 있는 기업 시민으로서 AXA는 사회에서 긍정적인 역할을 하고자 합니다. 우리는 우리가 비즈니스를 하고 있는 지역사회들을 지원하고자 직원 자원봉사 및 기업 기부활동을 장려하는 문화를 구축하려고 노력합니다. 우리는 또한 개인과 사회 전체적으로 직면하는 리스크에 대한 이해를 더욱 높일 수 있도록 우리의 비즈니스 전문지식을 공유하고자 합니다.
환경	AXA는 쓰레기, 배출, 천연자원의 소비 등을 적극적으로 관리함으로써 환경에 주는 직접적인 영향을 감소시키는 것에 주력하고 있습니다. 우리는 또한 우리의 이해관계자들 사이에 환경에 대한 인식을 증진시키고, 전 지구적 환경리스크에 대한 이해도를 높이며, 기후변화 및 기타 환경보호 노력에 대한 활동을 지원함에 있어 우리가 수행할 수 있는 역할이 무엇인지 잘 알고 있습니다.

출처: AXA 다이렉트 웹사이트(www.axa.co.kr)

AXA 다이렉트는 '고객 행복'이라는 사명(mission) 아래 특별한 가치를 만들어 내고 있으며, 주요 활동은 아래와 같다. 이 중에서 교통안전캠 페인은 손해보험업계가 공동으로 수행하는 활동이며, AXA CR Week와 AXA Heart in Action(AHIA) 활동은 그룹 차원의 사회공헌활동에 속한다.

〈표 3.12〉 AXA 다이렉트의 주요 사회공헌활동

AXA CR week	AXA는 매년 6월 둘째 주를 기업의 사회적 책임 활동주간으로 선정하고, 전 세계 57개국, 총 16만 명의 전 세계 AXA 직원들이 일주일에 걸쳐 다양한 사회공헌활 동을 진행하고 있습니다. 작년 한 해, 이 기간 동안 AXA는 총 20만 유로를 모금 하여, 41개의 NGO 자선단체에 기부한 바 있습니다. 사회공헌 활동을 기업의 중 요한 의무로 규정한 AXA그룹의 움직임에 발맞추어, 한국 AXA다이렉트 역시 우 리가 속한 지역사회를 보다 아름답게 만들기 위한 책임을 다하고 있습니다. 전 세계 AXA 직원들과 함께 AXA다이렉트 역시 이 기간 동안 "사회 곳곳의 위험(Risk)을 없애는 일"을 주요 테마로 하여 임직원 및 소비자들을 대상으로 다양하고 창의적인 사회공헌활동을 진행합니다. 이 기간 동안 AXA다이렉트의 직원들은 자가용 사용을 최대한 자제하고, 전 임직 원들이 다 함께 공원을 직접 도보로 걸음으로써 기부금을 적립하고 환경보호의 의 미를 되새기는 시간을 가집니다. 또한 AXA다이렉트 직원들이 도보로 이동한 전체 이동거리는 1㎞당 1유로(약 1,507원)로 환산되어 NGO 단체인 녹색교통에 전액 기부되고 있으며, 향후 교통사고 유자녀의 장학사업 및 녹색교통운동에 쓰이고 있 으며 '아름다운 가게'와 공동으로 사랑의 바자회를 개최하여 모금된 금액을 기부하 고 있습니다.
교통안전 캠페인	AXA다이렉트는 바람직한 교통문화를 선도하고 사회 전체적으로 위험을 줄여 나가 기 위해, 교통안전과 관련된 다양한 사회공헌 캠페인을 지속적으로 실시하고 있습 니다. 잠실야구장에서 진행된 교통안전 캠페인을 통해 음주운전 방지와 안전띠 착 용을 독려하였고 바디페인팅 기법을 사용한 독특한 음주운전 방지 TV 광고를 선보 여 시청자들에게 화제를 불러일으키기도 하였습니다. AXA다이렉트는 손해보험협 회 및 경찰청 등 유관기관과 적극적인 연계를 통해 교통문화를 바로잡고 사고를 줄 이기 위해 노력하고 있습니다.

AHIA	AXA Heart in Action(AHIA)은 1991년 탄생한 AXA그룹 내의 자발적인 직원 자원봉사 네트워크이며, 전 세계적으로 2만 명이 넘는 직원 봉사자들이 자신의 기술과 시간, 따뜻한 마음을 이용하여 활발한 사회공헌활동을 벌이고 있습니다. 한국 AXA다이렉트의 직원들 역시 AHIA를 통해 '아름다운 가게', '동방사회복지회' 등의 비영리 단체들과 연계하여 사랑의 바자회, 미혼모 아기 돌보기 및 후원 등의 봉사활동을 통해 보다 아름다운 사회를 만들기 위해 노력하고 있습니다.

출처: AXA 다이렉트 웹사이트(www.axa.co.kr)

보험상품
개발·제공 사례

소액보험(microinsurance) 사업

2008년부터 미소금융재단은 경제적 기반이 취약한 저소득층의 보험 가입을 지원하는 소액보험 사업을 하고 있는데, 광역자치단체가 수혜 대상을 추천하고 미소금융재단이 보험료 전액을 지원한다. 2011년에는 저소득층 아동에 대한 보장 내용을 강화하고 지원 대상 시설도 확대하였다. 2011년 현재 5개 생명보험회사(삼성, 교보, 한화 알리안츠, 신한)와 7개 손해보험회사(삼성, LIG, 한화, 동부, 현대, 메리츠, 롯데)가 소액보험 사업에 참여하고 있다.

현재 우리나라 가구의 생명보험 가입률은 90퍼센트대에 이르고 있지만 연간 가구소득 1,200만 원 미만 저소득층의 경우 35퍼센트 수준에 머물고 있는 실정이다. 저소득층의 보험에 대한 수요와 욕구는 중

산층이나 고소득층과 별반 차이가 없지만, 주로 경제적 이유로 인해 보험가입률이 저조한 가운데 각종 위험사고 발생 시 받는 충격이 훨씬 크고 심각하다는 점에서 정작 보험이 필요한 계층이라 할 수 있다. 저소득층에 대한 직접적인 지원도 필요하지만 보험이라는 간접적인 수단을 통해 이들이 각종 중대 질병, 가장의 사망 등에 대비하여 스스로 미래의 경제적 안정을 위해 도와주는 것이 효율적인 지원 방안이 될 수 있다.

손해보험 상품 개발

일반적인 운전자를 대상으로 한 친환경상품으로 손해보험회사들이 2011년 12월부터 판매하는 마일리지 특약상품인 '주행거리연동(Pay As You Drive: PAYD) 자동차보험'은 탄소배출 경감을 유도하는 상품으로 연간 주행거리가 10,000km 이하인 경우에 주행거리 구간별로 차등적인 보험료 할인을 받는다. 첫해의 가입건수가 164만 건이며 전체 자동차보험에서 12퍼센트를 차지하고 있는 인기 상품이다.

2012년 10월에 저소득층을 지원하기 위해 출시된 '서민우대자동차보험'이 대표적인 CSR 관련 손해보험 상품으로서 10년 이상 경과한 1,600cc 이하의 승용차나 1톤 이하 화물차량 1대를 소유하고 있는 기초생활수급자 및 저소득층(배우자 합산 연소득 4천만 원 이하)을 대상으로 보험료를 3~8퍼센트 할인해 주는 상품이다. 대부분의 손해보험회사에서 '나눔 특약'이란 이름으로 이 자동차보험 상품을 판매하고 있다. 도입 이후 가입자 수가 점점 줄어들고 있는데, 그 이유는 소비자들은 이런 특약상품이 있는지조차 알지 못하고 보험회사들은 수익성이 낮은 상품이란 인식으로 판매에 노력을 기울이지 않기 때문으로 보인다.

국내 보험회사
윤리경영의 평가

국내 보험회사의 윤리경영은 보험협회를 통하여 업계 공동의 사회공헌사업을 하고 있으며, 아울러 개별회사 차원에서도 기부금이나 임직원 봉사활동 등의 사회공헌활동을 하는 이중적인 구조를 갖고 있다. 생명보험업계 공동의 조직화된 공식적 사회공헌사업은 2007년 사회공헌재단이 설립된 시점으로 볼 수 있지만, 그 이전에도 이동목욕차량 기증 등 자체적인 사회공헌사업이 지속되어 왔다.

손해보험업계의 경우에도 2011년 사회공헌협의회가 발족되어 보다 더 체계적인 사회공헌 공동사업을 실행해 오고 있으나, 교통안전캠페인 등 오래전부터 시행되어 온 사업이 지속되고 있다. 대부분 회사의 개별적 사회공헌 또는 윤리경영 사례는 2000년 초부터 본격적으로 시작되었다고 볼 수 있는데, 그 이전에 사회공헌사업의 효시라고 볼 수 있는 사례로는 삼성화재의 '교통사고 유자녀 지원사업(1993년)'과 '안내견 지원사업(1995년)' 그리고 스포츠분야 공헌사업으로 삼성생명의 '레슬링단 창설(1983년)'을 꼽을 수 있을 것이다.

보험사업과 관련된 상품 개발에 있어서는 제한된 수준에 불과하지만 저소득층에게 보험료를 할인해 주는 '서민우대자동차보험', 친환경 상품인 '마일리지자동차보험'이 시판되고 있다. 마일리지 자동차보험이 2011년 출시 이후 가입률이 급성장한 반면, 서민우대자동차보험의 경우 보험회사들이 보험료를 할인해 주는 수익성이 낮은 상품이기에 특약상품에 대한 홍보도 부족하고 가입 시 확인절차도 소홀히 하여 가입률이 낮다는 평가를 받고 있다. 선진국 대비 CSR 관련 보험상품 개발은 초보단계에 불과할뿐더러 재해나 환경 관련 상품개발 및 연구에 있어서도 아직 갈 길이 멀어 보인다. 한편 정부 주도의 미소금융재단을 통한 소액보험 사업과 연계하여 보험회사의 CSR 차원에서 저소득층과 사회소외계층을 위한 다양한 상품 개발이 필요한 시점이다. 소액보험 사업은 장기적으로 보험회사의 수익원 창출 및 신뢰도 제고의 기회로도 활용할 수 있을 것이다.

선진보험회사 사례

선진보험회사들의 윤리경영 사례는 글로벌 보험회사로서 프랑스에 본부를 두고 있는 AXA(악사)와 일본의 동경해상그룹, 그리고 미국의 Allstate(올스테이트) 이렇게 3개 회사를 대표적으로 소개한다. AXA보험그룹의 경우 1980년대 중반부터 시작된 사회공헌활동과 지속가능경영의 정책적·제도적 발전 과정을 연도별로 살펴볼 것이며, 동경해상그룹의 경우는 윤리경영의 추진조직체계와 지속가능 핵심과제에 초점을 두고 있는 반면에, Allstate는 지속가능경영에 따른 주요 지표의 성과측정 사례를 주안점으로 보게 될 것이다. 그 외에 눈여겨볼 부분은 선진보험회사들의 경우 사업 분야와 연결하여 상품개발이 이루어지고 있으며, 자산운용상의 윤리경영 사례 등을 소개하도록 한다.

AXA보험그룹[10]

AXA보험그룹은 세계 최대의 보험그룹으로 1859년 설립된 Equitable Life Assurance Society of America에 뿌리를 두고 있는데, 2015년 현재 'No.1 global insurance brand in the world'를 지난 7년 연속으로 유지하고 있는 글로벌 보험회사라 할 수 있다. 그에 걸맞게 사회공헌 및 윤리경영에 있어서도 선도적인 역할을 해오고 있다.

기업의 책임(Corporate Responsibility: CR)은 지속가능한 경제성장, 사회의 이익과 환경보호에 기여하는 것이 사업의 중심으로 정의하여 지속가능경영의 3대 축인 경제, 사회, 환경을 아우르고 있다. AXA의 CR 전략은 6개의 기둥으로 구성된다. 즉, 작업장(직원)에 대한 책임, 고객

---

10) 내용은 AXA그룹 웹사이트(www.axa.com)에서 발췌하였다.

과 상품에 대한 책임, 지배구조(주주)에 대한 책임, 협력업체 선정과 관계에 대한 책임, 환경에 대한 책임, 그리고 지역사회에 대한 책임이다.

CR 추진 정책

회사의 이해관계자인 임직원, 고객, 주주, 협력업체, 환경, 지역사회의 6개 대상으로 구분하여 전 세계의 그룹 및 자회사에 의하여 실행되고 있다.

- 임직원: 다양성과 동등한 기회에 우선을 둔 기술과 능력 강화를 통한 성과 개선
- 고객: 고도의 전문성에 기초한 효율적인 서비스와 솔루션 제공
- 주주: 산업을 선도하는 경영성과 달성과 투명한 정보 제공
- 협력업체: 선정 시 지속가능발전과 인권에 대한 기여도 평가
- 환경: 종이·물·에너지 소비 감소, 탄소배출 감축, 전자폐기물관리를 통하여 AXA가 주재하는 지역의 환경의 질 기준에 적용하며 그룹 전체에 확산
- 지역사회: 사고예방, 자원봉사, 지역발전 등에 초점을 둔 기업기부활동 개발

CR 추진 조직

- 지속가능발전 부서: 2001년 발족하여 그룹의 지속가능발전정책을 감독·조정 및 그룹의 여러 부문의 담당자들과 긴밀한 업무 수행,

보험 분야에 있어서 글로벌리스크관리팀으로부터 새로운 리스크에 대한 전문성과 지속가능발전을 도출, AXA자산관리의 책임투자연구팀과의 긴밀한 업무

- 지속가능발전 담당자 네트워크: CEO가 임명하며 지역 차원의 지속가능발전 프로그램 운영 및 모범규준 촉진
- 지속가능발전 관리위원회: 2005년 발족하여 그룹 COO(최고운영책임자)가 위원장으로 지속가능발전 전략수행 지원, 회사실행계획 평가, 그룹차원의 선제적 발의

CR 발전의 주요 활동 및 단계

1986년: AXA 창업자가 기업의 자선재단 및 교육훈련기관(AXA University) 설립

1988년: 리스크방지기관 설립

1990년: AXA Equitable의 'Clinical Underwriting' 실시

1991년: 지역사회 자선활동 및 자원봉사활동 위한 프로그램(AXA Hearts in Action) 프랑스에 창설

1992년: 환경기업[Entreprise pour l'Environnement] 창립멤버 및 종업원만족조사 최초로 실시

1993년: 임원보수 최초 공개 및 종업원 주식소유 프로그램(ESOP) 최초로 실시

1994년: 직업윤리를 위한 그룹 준법가이드 최초 발간

1996년: 노사 간 대화 위한 협의기구 창설

1998년: 프랑스 내 AXA자산관리 부문의 사회책임투자 최초 의무화

2001년: 그룹 지속가능발전 부서 발족

2002년: 유엔환경프로그램의 금융이니셔티브(UNEP FI)에 서명

2003년: 이해관계자에 기여, 국제협약(UN Global Compact) 서명[11], 동등한 기회보장, 그룹의 지속가능발전보고서 최초 발간, 온실가스배출 공표에 참여

2004년: 지속가능발전 전략, 최초의 종업원주주대표 선출, 그룹의 환경보고서 최초 발간, 그룹의 자금세탁정책 공식화, 은퇴 코칭서비스 시작

2005년: 지속가능경영전략 경영이사회 채택, AXA스페인 교통사고 피해자에 대한 예방서비스 시작, AXA프랑스 헬스케어 코칭서비스 시작, 지속가능발전 조달정책 공식화, 변액연금 지식센터 미국에 오픈, AXA자산관리부문 글로벌 마이크로파이낸스 컨소시엄 참여, 온실가스 감축을 위한 Geneva Association[12]의 'Kyoto statement(교토의정서)'에 서명함.

2006년: 지속가능발전 관리위원회 설치, AXA아일랜드의 National Safety Council Award 수상, 유엔과 함께 에티오피아에 인도

---

11) AXA는 'active member'로서 Global Compact의 10가지 원칙을 반영하는 모범 사례 정보들을 Global Compact 데이터베이스에 매년 업데이트 하고 있다.

12) 스위스 취리히에 사무국을 둔 전 세계 주요 보험회사 CEO들의 회합체이다.

주의적 보험약관 최초로 시작, 리스크방지 촉진 위해 AXA Award for Corporate Sustainability 창제, 기회동등정책 경영이사회 채택, AXA캐나다·AXA아일랜드·AXA타일랜드는 하이브리드자동차·생물연료자동차·LPG자동차에 대한 우대보험요율 각각 시행, 유엔환경계획(UNEP)이 지지하는 탄소정보공개프로젝트(CDP)에 2006년부터 회원으로 참여함.

2007년: 리스크방지 위한 리스크재단 설립

2008년: AXA는 유엔글로벌컴팩트와 유엔환경계획 등이 공동 후원하는 'Caring for Climate기후에 대한 배려' 계획에 서명하고 2008년 7월에 참여함.

2011년: 2004년 유럽집행위원회(EC)가 발족시킨 도로교통사고를 줄이고자 하는 European Road Safety Charter(유럽도로안전헌장)에 2011년 서명함.

2012년: UN PSI지속가능보험원칙가 공식적으로 발족한 2012년 '리우+20' 유엔총회에서 서명에 참가한 27개 창립 멤버 중 하나로서 4개 원칙에 입각한 환경적·사회적·지배구조(ESG) 기준들이 보험사업과 이해관계자들에게 통합되도록 역할을 함(AXA는 2013년 PSI 보고서를 처음으로 발간하여 ESG 기준들이 회사의 운영과정에 통합되는 사례를 보여 줌), UN PRI[13]에 2012년 서명함.

---

13) UN PRI는 ESG에 입각한 투자의 6개 원칙을 의미한다.

윤리지수 및 SRI 평가등급

AXA그룹은 산업평균보다 상위등급에 속하며, 3대 주요 국제윤리지수(DJSI, FTSE4GOOD, ASPI Eurozone)에 편입되어 있다.

- FTSE4GOOD index는 2004년부터 지수에 편입되어 왔음.
- DJSI(Dow Jones Sustainability Index)에 편입되어 SAM으로부터 등급평가 2004년부터 받으며 전 부문(경제등급, 사회적 등급, 환경등급) 산업평균 상회함.
- ASPI(Advanced Sustainability Performance Index)에 편입되어 Vigeo로부터 2005년부터 사회 및 환경에 대한 등급평가를 받고 있으며, 인적자원, 인권, 지역봉사, 환경, 사업행위, 지배구조 부문에서 양호한(+) 평가받음.
- 그 외에 Oekom, Innovest 등에서 각각 2003년, 2004년부터 사회적/지역사회/환경 분야 평가를 받고 있음.

AXA그룹 준법 및 윤리 가이드

2006년 2월에 제정되었으며 준법과 윤리 규정이 8개 분야로 구성되어 있다.

- 회사의 직업윤리는 AXA의 비전과 가치를 반영
- 임직원 개인의 행위, 활동과 이익

- 비밀정보와 공시 관행
- 법규 준수/규제적 조사 및 소송
- 내부사기 및 자금세탁
- 위법행위 보고
- 준법 면제 및 연간 인증
- 자회사들의 준법 정책

AXA의 윤리경영은 1980년대 중반부터 시작하여 현재에 이르기까지 보험회사로서는 가장 모범적인 추진 사례를 보여 주고 있다. 이해관계자에 대한 기업의 책임으로부터 시작하여 사회와 환경 문제에 앞장서서 국제협약과 기구에 참여하며 지속가능발전을 주도하고 있다. 일찍부터 그룹 및 계열사에 전담부서 및 전문인력을 연계하여 조직적으로 지속가능경영이 이루어지도록 해오고 있으며, 다양한 국제적 윤리지수에 편입되어 긍정적인 평가를 받아 오고 있기에 윤리경영을 실천하는 보험기업으로서 확고부동한 위치를 지키고 있다 하겠다.

동경해상그룹[14]

동경해상그룹은 대표적인 일본의 보험그룹으로서 CSR에 대한 접근은 기업철학인 '모든 활동의 기초를 고객 신뢰에 두고 지속적인 기업가치 제고'를 실현함으로써 사회의 지속가능성장에 기여하는 것이다. 이를 실행하기 위하여 CSR 헌장을 아래와 같이 제정하였다.

• 상품 및 서비스

  우리는 안전과 보장 수요에 맞는 상품과 서비스를 사회에 제공한다.

• 인간의 권리와 존엄성 존중

  우리는 모든 사람의 인권에 대한 인식을 존중하고 촉진한다.

---

14) 내용은 AXA그룹 웹사이트(www.axa.com)에서 발췌하였다.

우리는 안전하고 건강한 근무환경을 보장하고 임직원의 교육훈련을 촉진한다.

우리는 사생활권리를 존중하고 개인정보관리를 통하여 이를 집행한다.

- 지구환경의 보호

우리는 지구환경 보호가 모든 기업에 중요한 책임임을 인식하여 모든 기업 활동에 있어서 지구환경과의 조화와 개선을 존중한다.

- 지역사회에의 공헌

다양한 지역 및 사회의 구성원으로서 우리는 상이한 국가와 지역의 고객과 문화를 존중하며 시대적인 수요에 부응하여 사회에 적극적으로 기여하고자 한다.

- 준법

우리는 항상 높은 윤리기준을 유지하면서 모든 측면의 기업 활동에 엄격한 법 준수를 추구할 것이다.

- 소통

우리는 적시에 적절하게 정보를 공개할 것이며, 효과적인 기업경영을 위하여 모든 이해관계자와 대화를 촉진할 것이다.

이해관계자와의 관계

동경해상그룹은 모든 이해관계자들과의 대화와 협력을 통한 신뢰관계 구축이 양질의 CSR 경영을 실행하는 데 중요하다고 믿으며, 각 이해관계자에 대한 관계를 아래와 같이 실천한다(〈그림 3.1〉 참조).

- 고객

  우리는 고객으로부터의 피드백을 중시하며 고객의 신뢰를 얻기 위하여 질적 향상에 일상적인 우선권을 둔다.

- 주주와 투자자

  우리는 적시에 적절한 정보공시와 의견교환 촉진을 통하여 건전하고 투명한 기업지배구조를 실현할 것이다.

- 임직원

  우리는 지속적으로 열린 기업문화를 구축하여 각 임직원으로 하여금 자신의 창조적 역량을 실현할 수 있도록 노력할 것이다.

- 대리점(모집종사자)

  우리는 대리점과의 신실한 파트너십을 구축하고 고객 관점에서 질적 향상이 되도록 합력하여 노력한다.

- 협력업체

  우리는 사업파트너들과 함께 지속가능발전을 실현하고 사회적 책임을 수행하고자 한다.

- 지역사회

  우리는 기업 활동이 지역사회 구성원의 지원을 통해 실현됨을 인식하여 전 세계 해당 지역에 다양한 공헌활동을 수행할 것이다.

〈그림 3.1〉 동경해상그룹의 CSR/윤리경영 체계도

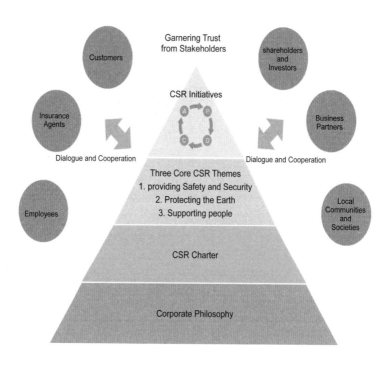

출처: 동경해상그룹 웹사이트(www.tokiomarine-nichido.co.jp)

CSR 추진 조직구조

동경해상그룹은 CSR 활동 촉진을 위하여 이사회 아래에 최상위기구로 동경해상그룹의 이사회의장과 국내 핵심계열사 사장들로 구성된 'CSR Board'를 설치하고, 외부전문가·NGO·비영리기관·학계로 구성된 'CSR Dialogue' 운영을 통하여 그룹의 CSR 이슈에 관한 외부의 의견을 청취할 기회를 가지며, 이를 CSR 전략 수립에 반영한다〈그림 3.2〉 참조).

〈그림 3.2〉 동경해상그룹 CSR/윤리경영 추진 조직체계

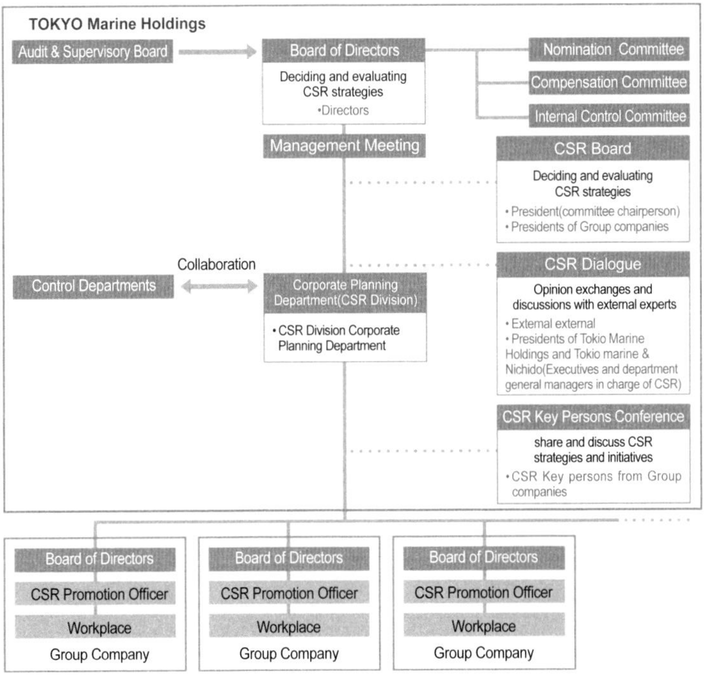

출처: 동경해상그룹 웹사이트(www.tokiomarine-nichido.co.jp)

집행부 조직에서는 기획본부(Corporate Planning Department)가 CSR 본부로서의 기능을 하며, 지주사와 그룹계열사 CSR 부서장들로 구성된 'CSR Key Persons Conference'를 정기적으로 소집하여 CSR Board와 같이 그룹 전체의 CSR 과제를 선정하고 성과측정 등을 관장한다. 각 그룹사의 CSR 촉진담당자는 그룹 전체의 CSR 공동이슈를 촉진하고 처리하는 역할을 주도하며, 각 사업과 지역사회의 특징에 따라 CSR 활동을 추진한다.

CSR 경영의 핵심과제

동경해상그룹 CSR경영의 핵심과제는 1) 기후변화와 자연재해 리스크에 대한 환경적 대응, 2) 지역사회에 대한 기여, 3) CSR경영 강화 위한 지배구조로 정의된다.

• 환경

우리는 '기후변화와 지구온난화'가 전 세계 미래세대에 대해 거대한 리스크로 인식하며, 동시에 이것이 동경해상그룹의 보험·금융서비스·컨설팅 사업에 지대한 충격을 주는 주요 리스크임을 의식한다. 우리는 기후변화와 거대재해 리스크에 대한 복원력을 키우고 사업상의 지식과 경험을 활용하여 지속가능한 사회를 창조하는 데 기여할 것이다.

• 사회

국제사회와 일본 내에 부각되는 재해 방지 및 감소, 고령화사회(건강 관리 및 간병관리), 지역공동체 참여 및 개발, 자동차사고 예방 등의 사회적 이슈에 직면하고 있다. 동경해상그룹은 지역공동체와 사회에 기여하는 것을 핵심과제로 선정하여 보험·금융서비스·컨설팅 사업을 통하여 사회적 이슈에 대한 대응에 기여할 것이다.

• 지배구조

고객과 사회로부터 신뢰를 받고 지속가능성장을 달성하기 위하여 동경해상그룹은 사업전략, 지배구조, 사회적 책임 분야에 질적인 향상을 추구하며, 글로벌 보험그룹으로서 건전하고 투명한 경영구조를 구축해야 한다.

사회공헌활동

동경해상그룹의 사회공헌활동은 CSR 핵심과제 중 하나인 사회적 과제의 한 부분으로서 이루어지고 있으며(〈표 3.13〉 참조) 사람 지원, 안전 및 보장, 지구환경 보호의 세 분야로 구분하여 시행되고 있다.

〈표 3.13〉동경해상그룹의 사회공헌 주요 활동

청소년의 성장 · 사람 지원 (supporting people)	(국내) • 지역사회와 사회공헌활동을 통해 사람들을 지원: 노령자, 소외계층, 청소년의 성장 지원 • 다양한 인력자원의 개발 및 활용 • 상품과 서비스의 제공을 통해 건강한 장수사회 실현 • 재단을 통한 사회기부활동(1939): 교통사고 유자녀 지원 등 • 취학아동 및 취학 전 아동을 위한 프로그램(1999) • 주니어올림픽컵 수영대회에 특별 후원(1989) • '쇼와카이텐' 미술전시회를 통한 청소년 예술가 지원(1991) • 아시아 어린이 '에니끼(삽화일기) 축제' 후원(1990) (국외) • 개발도상국가 교육지원프로그램 참여(2010/ 'Room to Read') • 태국 어린이 장학사업(2005) • 인도네시아 고등학생 장학사업(2011) • 중국내 이민자 아동 교육지원 사업(2009) • Asia CSR Day(2011)
안전과 보장	(국내) • 재해 예방 및 경감을 위하여 기후변화와 자연재해에 관한 산학협동 연구(토호쿠대학) • 상품과 서비스 통한 안전과 보장 제공: one-day auto insurance • 일본대지진 피해지역 복구 자원봉사(2011) • 재난예방 초등학생 교육 • 치매치료 지원 교육 프로그램 • 생명구조 기술 워크샵 개최 • 핑크리본운동(유방암 예방) 촉진 지원 • '이와테' 호스피스협회와 협력사업(2009) • 시청각장애인협회와 협력사업(2008) • 스페셜올림픽 일본 재단 후원(2005) • '사와야카' 복지재단 협력 파트너 • TABLE FOR TWO(개발도상국가 어린이 학교급식 지원) 참여 • '히마와리노카이(임신부 교통사고예방활동)' 지원(2011) • 지역사회 안전보장에 기여(재난대비 및 방범 캠페인/2007) (국외) • 미국 내 일본어 의료서비스 제공(1990) • 의사 미국 내 임상경험 지원 프로그램(1991) • 그룹사의 재난지역 복구 지원활동

지구환경의 보호	(국내) • 환경경영시스템(ISO 14001) 시행으로 환경경영 촉진 • 에너지 사용 효율성 증진 위해 3R(Reduce, Reuse, Recycle)시행 • 상품과 서비스를 통한 지구환경의 보호: Green Gift Project • 동남아지역 등에 홍수림(紅樹林, mangrove) 식목 활동(1999) • 토호쿠지역 해안림(海岸林) 10개년 복원사업 지원(2012) • Green Lessons: 초등학교 및 특수학교 학생들 위한 환경교육 • 동경해상&니치도 미래 숲 조성 협력 프로젝트(2009) • 어린이 환경 상(Award) 아사히신문과 공동 제정 (2008) • 국제환경리더를 위한 인턴십(와세다-베이징대) 프로그램 후원 • 소피아대학 지구환경연구 기부기금 조성 • '마루노우치 시민환경포럼' 미쓰비시사와 공동 개최 • 지구온난화 세미나 개최 (국외) • 홍콩 Earth Hour(전등 끄기 행사) 후원(2010) • 미국 필라델피아 소재 보험사의 환경의식 프로그램 시행

출처: Sustainability Report 2016, Tokio Marine Holdings.

동경해상그룹의 윤리경영은 CSR 헌장과 체계도와 조직체계를 명시함으로써 인프라 측면에서 잘 갖추어져 있으며, 그룹과 계열사 간의 책임과 관계가 설정되어 회사의 상시 업무로 주어져 있다. 한편 CSR의 핵심과제와 사회공헌활동에 환경보호가 주요 활동으로 자리 잡고 있음을 알 수 있다. 국내 보험회사가 환경 분야에 대한 경각심을 갖고 확대해야 할 영역이라 판단된다. 반면에 동경해상그룹은 국제 협약(유엔글로벌컴팩트, 유엔금융이니셔티브, 유엔책임투자원칙, 유엔지속가능발전목표 등)과 다양한 국내외 윤리경영 지수(index)와 평가에 참여하고 있으나 AXA와 같이 주도적인 역할과 위치에는 이르지 못하고 있다.

Allstate 보험회사 [15]

미국의 대표적인 보험회사 중 하나인 Allstate의 CSR/윤리경영 실태를 2015/2016 Corporate Responsibility Report 내용을 중심으로 환경, 사회, 임직원, 사업관행, 공공정책의 5개 영역으로 나누어서 살펴본다(〈표 3.14〉 참조).

Allstate는 '기업의 책임'을 실행하는 전략에 있어서 이해관계자의 참여가 GRI 지속가능보고서의 핵심 원칙이며, 모든 이해관계자들을 인지하여 그들의 기대와 이익에 반응하는 데에 최선을 다한다. 우리는 정기적으로 이해관계자 집단들과 관계를 갖는다. 즉, 대리점주, 재무전문가, 고객과 소비자, 임직원, 투자자, 비정부사회단체, 여론주도

---

15) Allstate의 웹사이트(www.allstate.com/social-responsibility)와 '2014 & 2015/2016 Corporate Responsibility Report'의 내용을 발췌하였다.

보험경영과 윤리

층, 정책입안자와 협력업체들이다. 이들이 '2015년 지속가능 중요성 평가(Sustainability Materiality Assessment)'를 통해 도출한 회사와 이해관계자들에게 가장 중요한 이슈는 기후변화, 지역사회 참여, 고객 사생활과 정보보호, 인재관리이다.

Allstate의 사례에서 주지할 만한 특징을 들자면 환경, 사회, 임직원, 사업관행, 정책참여로 구분하여 각각의 목표와 달성 여부가 계량적으로 보고된다는 점이다. 즉, 목표시점까지 얼마나 성취를 하는지 매년 지표 달성 여부를 측정하고 평가하여 지속적으로 개선을 유도하고 있다. 또한 우리나라의 경우 윤리규범 및 행동수칙에 정치적인 행위를 회사나 임직원들이 금하도록 되어 있는 데 반하여, Allstate는 회사 내에 자발적인 정치활동위원회(Political Action Committee)가 구성되어 회사경영에 관련된 정부의 규제나 입법 활동 등에 정책참여도 적극적으로 하고 공직자 선거나 정당에도 공개적으로 기부도 하고 있다는 것이다.

보다 투명하게 정부의 정책입안 과정에 참여하기 위해서는 미국과 같이 기업이 공개적으로 이러한 활동을 허용하는 것을 우리도 검토해봐야 할 사안으로 보인다. 현재 보험협회를 통하여 주로 이루어지는 정책 로비 활동이 기업 차원에서도 떳떳하게 공개적으로 이루어지는 것이 보험산업의 지속가능뿐 아니라 보험소비자의 이익 증진과 알 권리를 위해서 어떨지 기대해 본다.

〈표 3.14〉 Allstate의 5개 영역별 CSR/윤리경영 실태

환경	기후변화	• 기후 리스크에 대응한 상품 출시: Homeowners Policy Green Improvement Reimbursement Endorsement[16]는 온실가스 배출을 감소시키는 역할 • 운영 측면에서 2개 KPI를 선정: '종이 소비'와 '에너지 사용' 목표 달성 매년 평가
	에너지, 배기가스, 폐기물	• 에너지 사용 경감 목표 설정(2020년까지 20% 경감)하여 6년 조기 달성(2014년) • 본사에서는 플라스틱 통, 알루미늄, 전구, 고철, 종이 등을 재활용 • 고객 대상 '종이 없애기(paperless)' 3개 계획: eSignature, ePolicy, eBill
사회	고객의 사적 개인 정보 보호	• 회사의 개인정보 정책에 엄격한 고객정보 보호 요구사항 명시 • 매년 개인정보 및 사이버보안 교육 임직원에 실시
	지역사회 참여	• 회사와 재단은 청소년 권한이양[17], 국내폭력, 자원봉사, 비영리 리더 지원 프로그램에 중점 • 기부: 2015년에 648만 달러 모금 • 23만 시간 자원봉사로 전년보다 15% 증가
	지속가능한 조달	• 협력업체 다양화: 전체 조달비용의 9% 장기목표 대비 2015년에 8.83% 달성함
	금융포용	• 공정한 가격의 보험상품 제공 • 국내폭력 생존자에게 금융이해력 개선으로 경제생활 적응력 제고
임직원	판매조직 참여	• 대리점주들이 회사경영에 참여하도록 Nat'l Advisory Board, Agency Executive Council 등의 대화채널 유지 • 매년 Agency Relationship Survey 통해 대리점 관계 구축에 실행 가능한 기회 파악 • 10대 안전운전 증진 위해 교육자료 제작 및 활용: 2015년 전체 24%의 대리점이 등록

---

16) 보험에 가입된 가전제품이 망실되어 에너지효율이 높은 제품으로 교체 시 추가비용을 배상해 준다.

임직원	인재 관리	• 최고의 인재 보유를 위해 Workforce Insight팀은 개별 사업부서의 보유 니즈 관리 • 직원들의 리더십 기량 개발을 위해 프로그램 제공: Leadership Development Program, New Leader Development Studio
	다양성	• 여성 및 소수집단의 임직원 및 대리점주 참여비율 증진: 5년 연속 DiversityInc.의 상위 33위 랭크 • 회사 윤리강령에 맞추어 다양성 정책을 모든 직급에 실시: Enterprise Diversity Leadership Council이 주도적 역할
	임직원 건강과 안전	• 개인보호장비로 심장박동의료기와 소화기 비치 및 사용법 교육 • 안전 훈련 및 교육: OSHA(직업안전위생국) 기준 초과
사업 관행	상품과 클레임 혁신	• 지식관리시스템 2016년에 구축하여 클레임 담당 직원들에 공통 정보 제공 • 클레임 과정의 단순화 및 스트레스 없도록 지속적 개선 활동 통해 고객의 유지와 만족을 추구
	책임 투자	• 2015년 7억7천만 불 고수익이며 지속가능한 투자: 사회책임투자 포트폴리오에 5천만 불, 저소득주택세금면제 포트폴리오에 4억9천만 불, 재생에너지에 2억3천만 불
	윤리와 성실	• 윤리강령: 우리가 누구이고 무슨 일을 하는지에 대한 가치를 기술하고, 문화와 신념을 정의하고 어떻게 직무를 수행하는지에 대한 기대를 제시 • 반부패/뇌물, 반독점/경쟁, 이해상충, 정보보호, 다양성/기회균등/반차별, 내부자거래 등에 대한 회사방침 제정 • 지배구조: 윤리준법담당관이 회사의 윤리행위규범, 준법 등의 책임을 맡고 이사회에 정기적 보고하며, 내부통제위원회는 윤리 및 준법 관련 이슈 정기적 논의

---

17) 부모들은 자녀를 지나치게 통제하려는 나머지 자녀에게 아무런 힘도 부여하지 않는 경우가 종종 있다. 아동 및 청소년기에 힘을 부여받지 못한 아이들은 성인이 되어서도 부모의 뜻을 묻지 않고는 어떤 결정도 하지 못하게 될 수도 있다. 한 가족구성원이 힘이 없는 다른 사람을 통제하기 위해 자신의 힘을 과도하게 사용하는 경우 상대방은 더욱 힘이 약해지기 마련이고 그에 따라 힘의 불균형은 점점 심해진다. 힘없는 이들을 변화시키기 위해서는 그와 체계 전체에 힘을 불어넣는 일이 중요하다. 이것이 권한이양(empowerment)과정이다. [네이버 지식백과] 권한위임과 공감 (권수영, 한국인의 관계심리학, 2007. 2. 25., ㈜살림출판사)

공공 정책	정책 참여	• 건전한 공공정책을 통해 고객의 안전 및 재산보호 위하여 적극적으로 정책 개발에 참여 • 2015년에 1,450만 불(총수입의 0.04%) 지출
	지원 단체	• 연구지원(750만 불): National Insurance Crime Bureau, Insurance Inst. for Highway Safety • 로비 단체: 120만 불(28%) • 로비 협회: 전국협회에 260만 불, 주 협회 170만 불
	후보와 위원회 후원	• 주 정부 공직자 후보, 정당, 위원회 등 지원 • 정치활동위원회: 임직원으로 구성된 자발적·초당적 위원회로서 2015년에 공직자후보 및 정당위원회에 26만 불 기부

출처: Allstate 웹사이트(www.allstate.com/social-responsibility)

Allstate의 CSR 활동은 우선순위 이슈에 대한 주요 성과지표를 설정하여 이에 대한 목표 달성 측정을 통하여 개선 상황을 평가하고 있다.

〈표 3.15〉 Allstate의 분야별 연간 목표 및 성과[18]

구분	2014년 목표	성과
사업 관행	종업원 다양성: The DiversityInc의 상위 50개사 리스트에 매년 포함	목표 달성 – 4년 연속 상위 리스트에 포함됨
	협력업체 다양화: 2015년까지 minority (소수집단)가 소유한 협력업체들의 조달 비중 9% 달성	목표 향해 진행 중 – 2014년 8.2% 달성
환경	에너지소비 감소: Allstate 소유 시설물의 에너지 소비 2020년까지 20% 경감(2007년 대비)	2020년 목표 조기 달성 – 2007년 대비 23.4% 경감 (전년 대비 5.7% 경감)

---

18) Corporate Responsibility Report 작성방식을 2015년부터 GRI 체계로 바꾸면서 성과 지표를 통한 평가 부분은 보고서에서 빠지게 되었다.

	탄소발자국(carbon footprint): 매년 유지 또는 감소	목표 달성 - 전년도 대비 0.03% 감소(2007년 대비 28% 경감)
	부동산: 재건축/신축 건물의 에너지 및 환경 디자인(LEED) 인증	목표 달성 - Utah주 Draper 시의 콜센터 신축건물 인증 취득
	종이감소: 내부종업원의 종이사용량 전년 경감수준 유지 또는 초과	목표 달성 - 2010년 대비 20% 경감
	종이감소: 고객전달 종이소비 2013년까지 20% 감소(2009년 대비)	목표 초과달성 2014년에 새 기준 정립
사회적 영향	10대 운전자 안전운전: 2015년까지 10대 사망자 50% 감소 및 안전한 세대 창출	목표대로 진행 - 사회적 영향 목표 초과달성: 2005년 이후 10대 교통사고 사망자수 48% 감소
	폭력 생존자에게 재정권한 부여: 2015년까지 50만 명에게 Allstate 재단이 권한이양 서비스 제공	목표 초과달성 - 2005년 이래 58만 명이 서비스 받음

출처: Allstate 웹사이트(www.allstate.com/social-responsibility)

Allstate는 미국의 기업답게 유럽과 일본의 보험회사들과는 차별화된 윤리경영을 수행하고 있다. 환경문제에 대해서는 다양하고 적극적인 친환경활동이 이루어지고 있으며, 윤리경영활동의 5개 영역에 공공정책이 포함되어 기업의 적극적인 정책로비 및 정치 활동을 추구하는 것이 특징이라 하겠다. 한편 미국의 사회적 이슈로서 직원들과 협력업체의 다양성이 주요 지표로까지 적용되고 있다는 것이 다른 국가 사례들과의 차별점이다. 또한 주요 윤리경영활동의 계량적 목표를 정하여 매년 성과를 측정하여 평가하는 것이 윤리경영활동의 지속적인 개선을 가져오는 주요 수단으로 정착되어 있다. 반면에 국제협약이나 국내외의 지속가능지수 및 평가에 대해서는 앞의 두 회사에 비하여 참여도가 낮은 것으로 보여 내실 위주의 활동에 중점을 두는 것으로 판단된다.

상품개발, 사회책임투자 및
재해·금융 관련 연구[19]

보험의 사회적 기능이 개인과 기업 등의 사회구성원에 내재된 리스크를 보장하여 원활한 경제활동을 하는 것이므로 보장혜택을 받지 못하는 취약계층에 적합한 상품을 제공하는 것은 중요한 사회적 책임 수행의 하나라 할 수 있을 것이다.

공공주택(social housing)보험

영국의 대표적인 손해보험회사인 RSA[20]는 25만 명의 공공주택 세입자들을 포함하고 있는 170개 주택조합에 보험을 제공하고 있는데(2010년 기준), 세입자들의 지불가능성을 위하여 주당 1.5파운드의 최저보험료로

---

19) 이 파트의 내용은 변혜원·조영현(2013)에서 인용하였다.
20) Royal & Sun Alliance 보험그룹의 약자

보험을 제공하고 있다. With-rent보험은 보험료를 세입자의 임대료에 포함하였으며, 단체보험은 보험료를 가능한 한 낮게 책정하도록 하고 있다. 공공주택보험의 계약자는 은행계좌가 없더라도 현금으로 지불할 수 있으며, 보험금을 청구할 때 지불해야 하는 본인부담금이 없다.

50+보험

50+보험이란 노령자들을 대상으로 특화한 보험으로 RSA가 개발하여 캐나다, 이태리, 스칸디나비아 지역에서 지불 가능한 보험료에 판매되고 있다. 캐나다에서 판매되는 50+Assist Plan은 개인간호, 돌봄 서비스, 퇴원 후 가사도움 서비스, 주택수리서비스연결 등의 이용을 포함하는 보험상품이며, 덴마크에서 판매되는 폭행보험은 50대 이상인 고령자가 폭행당한 후 내과 및 정신과 치료를 제공하는 상품으로 가입 시 건강정보를 요구하지 않는다.

소액보험(microinsurance)

소액보험은 주로 저개발국가에서 경제적 소외계층인 저소득시장에 특화하여 설계된 보험을 의미하며 장기적 수익성을 염두에 두고 상품을 개발·판매하는 경우가 대부분이다. 세계 2000대 기업(Forbes Global 2000)에 속한 상위 50개 보험회사 중 33개 회사가 소액보험 사업에 참여하고 있는데, Allianz(알리안츠)는 아프리카 지역과 콜롬비아, 인도, 인도네시아 등지에서, 스페인 보험회사인 Mapfre(맵프레)는 멕시코 및 남미지역에서 사업을 확대하고 있다.

코이돈과 몰리터(Coydon and Molitor)의 2011년 설문조사에 의하면 소액보험 사업에 참여한 동기는 새로운 시장으로의 진입, 경제적 이윤에 대한 기대, 기업의 사회적 책임, 브랜드 이미지 제고 등의 순으로 나타났으며, 대부분의 회사들은 상품개발이나 소액보험 상품 유통채널과 관련하여 지역파트너와 협력 관계에 있었다. 소액보험 사업에 있어서의 어려움으로 높은 고객유치비용, 보험에 대한 인식 및 수요 부족, 유통채널 취약, 데이터 불충분 등을 꼽고 있는 반면, 향후 3년 이내에 소액보험 사업이 수익성이 있을 것으로 예상하였다.

기후변화 및 환경 관련 보험상품

보험회사들은 기후변화 경감을 유도하는 상품을 제공하거나 재생에너지산업 및 녹색산업의 리스크를 인수하는 방법으로 사회적 책임을 수행하기도 한다. 탄소배출을 경감하는 보험계약자에게 할인을 제공하는 상품으로 주행거리연동(PAYD) 자동차보험은 미국, 일본, 유럽 국가들에 여러 형태로 존재하며, 대부분의 경우 보험계약자가 주행거리 절감에 따른 보험료 할인을 받으며 손해율 및 유지율 측면에서도 긍정적인 효과를 보이는 것으로 나타났다.

연료절약형 자동차나 저탄소배출 자동차에 대한 할인을 제공하는 보험상품도 판매되고 있는데, Travelers(트래블러스)의 경우 하이브리드 보트와 요트에 대해 10퍼센트 보험료 할인을 해 주는 친환경 해상보험

상품을 제공하고 있다. 최근 하이브리드자동차와 전기자동차 출현이 가속화되면서 이에 대한 수요도 확대될 것으로 예상된다.

친환경건축 관련 보험상품은 친환경 건축물에 대해 보험료를 할인해 주거나 손실이 발생할 경우 친환경 재물 복구비용을 보상해 준다. 친환경건축물 인증비용에 혜택을 주거나 친환경건물 건축을 위한 컨설팅 서비스를 제공하기도 한다. 미국의 Fireman's Fund(화이어맨스펀드) 보험사에서 판매하는 Green Home보험은 친환경건물을 건축하였거나, 기존 건물을 친환경적으로 리모델링하거나, 손실 발생 후 환경 친화적인 재건축을 원하는 보험계약자를 보장하는 상품이다.

재생에너지 산업과 관련된 보험상품도 제공되고 있는데, 재생에너지를 생산하는 기업에 대한 보험료 할인이나 대출우대, 또는 재생에너지 기술개발에서 발생할 수 있는 리스크를 담보한다. 탄소배출권 관련 상품으로 탄소배출권 이행보증보험은 관련 프로젝트에 사용된 기술의 성과가 기대에 미치지 못하거나, 해당 국가의 배출권 인도 제한 등으로 탄소배출권이 인도되지 않을 경우의 리스크를 담보하는 상품으로 AON(에이온), Swiss Re(스위스리), Munich Re(뮌헨리), Zurich(쮜리히) 등의 회사들이 참여하고 있다.

사회책임투자(SRI)

SRI는 투자대상 기업의 재무적 요소뿐 아니라 환경, 사회, 지배구조 (ESG) 등 사회적으로 바람직한 비재무적 요소를 고려하여 투자하는 것을 의미한다. SRI가 투자를 통해 주주권을 행사함으로써 투자기업의 ESG를 변화시키는 것을 의미한다면, 책임투자(Responsible Investment)는 ESG가 우수한 기업을 대상으로 투자함으로써 투자수익을 장기적으로 극대화하는 것을 말한다. 보험회사와 같이 장기계약을 관리하는 수탁자에게는 책임투자가 수탁자의 책무에도 적합한 투자원칙이 될 수 있다.

ESG에 기반한 투자전략이 유의한 초과수익을 달성했다는 연구 결과가 다수 존재하는 반면에,[21] 적극적인 주주권 행사를 하는 경우의 투자성과는 낮았다는 결과가 다수 존재하는 것으로 알려져[22] 장기성과를 극대화해야 하는 보험회사의 입장에서 SRI를 적합한 투자원칙으로 수용하기에는 어려운 측면이라 하겠다.

재해 · 환경 · 금융 관련 연구

학술연구기관을 통하여 재해 관련 연구나 금융관련 연구를 지원하는 사례도 있다. Allianz는 2010년에 Center for Behavioral Finance를 설립하여 행동재무학 교육 · 투자 및 연구관리, 은퇴 관련 상품개발 등과 관련된 연구결과를 제공하고 있으며, Zurich Group의 경우 Global Earthquake Model 재단에 참여하여 지진 리스크 평가 방법과 자원을 제공하고 있다. 이밖에도 보험회사들이 공동으로 연구소를 설립하여

---

21) 예를 들면, Gompers, et al. (2003)의 연구결과에 따르면 좋은 지배구조를 가진 기업(주주권이 높은 기업)을 매수하고 지배구조가 나쁜 기업을 매도하는 전략이 상당한 초과수익을 달성하였다.

22) Karpoff (2001) 참조.

재해 관련 연구를 지원하는 경우가 있는데, Institute for Business and Home Safety는 미국의 보험회사 및 재보험회사들이 설립한 연구소로서 자연재해나 다른 손인(損因)들을 분석하여 가정과 기업 그리고 지역사회가 효과적으로 대처하는 것을 돕고 있다. 캐나다의 Institute for Catastrophic Loss Reduction은 학제 간 재해방지 연구 및 소통을 위해 손해보험업계가 Western Ontario 대학 소속의 독립연구소로 설립하였다.

선진보험회사
윤리경영의 시사점

　유럽 국가들의 CSR 추진에 있어서의 일반적인 특징은 법령 및 계약상 의무 준수, 기업윤리 준수 등은 기업의 당연한 의무로 보고 CSR 활동으로 인식하지 않으며, CSR 활동을 기업의 사업 활동과 연관되게 추진하고 있으며, CSR 활동에 환경 및 사회 양면을 언급하고 있으나 사회문제를 중시하는 점 등을 들 수 있다.

　EU는 CSR 활동을 '자신의 사업 활동과 관련하여 자율적으로 사회·환경 등의 문제를 해결하는 활동이며, 법적 요청이나 계약상의 의무 이상의 활동을 수행하는 것'으로 정의함으로써 CSR의 추진 범위를 명확하게 설정하고 있다. AXA보험그룹의 초창기 CSR 활동은 재단 설립을 통하여 자선활동과 자원봉사활동으로 이루어졌고, 보험사업에 연관된 리스크 예방 활동을 추진하였음을 볼 수 있으며, 이러한 활동은 최근까지 지속되고 있다.

일본의 CSR은 에도시대의 상인도와 오우미 상인의 경영이념에서 유래되었다고 보며, 이러한 경영이념은 고객만족과 사람을 중시하는 기업문화의 토대가 되었다고 본다. 일본의 우수기업들은 ISO 26000[23]에서 검토되고 있는 환경·인권·노동관행·기업지배구조·공정한 상(商)관행·사회개발 등의 과제를 사업 활동을 통한 CSR 추진으로 대응하고 있으며, 대체로 환경 중시 경영, 고객 위주의 상품 및 서비스 개발, 종업원 능력 발휘 위한 환경 조성, 지역사회와의 공생 및 협력 관계 구축을 통하여 수행되고 있다. 동경해상그룹의 사례에서 보듯이 CSR경영 추진에 있어서 기후변화와 자연재해 리스크에 대한 환경적 대응과 지역사회에 대한 기여가 주요 핵심과제로 선정되어 있는 것을 알 수 있으며, CSR 헌장에는 고객과 종업원에 대한 책무를 우선적으로 규정하고 있다.

미국은 자발적 봉사정신과 자선적 기부에 긴 역사를 가지고 있어 CSR 활동에서도 기부활동이 중요한 위치를 차지하고 있다. 미국 기업의 사회공헌은 기업이 직접 기부하기보다는 기업이 설립한 재단을 통하여 이루어지고 있으며, 특정 분야에 치우치지 않고 각 분야에 골고루 지출하고 있다. 유럽의 보험회사들과 마찬가지로 사업 분야와 관련된 상품 개발, 친환경 보험상품 개발, 그리고 재해 및 금융관련 연구 등 다양한 CSR 활동을 실행하고 있다. Allstate의 사례를 통해서 본 특

---

23) CSR의 국제적 표준 가이드라인

징은 CSR 활동에 정량적인 목표를 부여하고 매년 그 성과를 측정하고 평가하는 것이라 할 것이다. 또 다른 특징으로 사업 활동과 관련한 종업원과 공급업체의 다양성 추구는 미국의 역사와 문화적인 배경으로 설명될 수 있을 것이다.

Ethics in Insurance Management

제4부

어떻게 윤리경영을
할 것인가?

앞에서 살펴본 기업의 사회적 책임과 윤리경영에 대한 개념적·역사적 흐름과 당위성에 대하여 보험소비자들은 어떻게 생각하고 있는지, 그리고 그들의 보험회사에 대한 기대치는 어떠한지를 알아보자. 아울러 보험회사 경영의 최고책임자인 CEO들은 윤리경영에 대하여 어떻게 알고 있으며, 자신들의 회사가 윤리경영에 부합되게 운영되고 있는지에 대한 인식을 토대로 윤리경영의 방향을 설정하는 것이 의미 있을 것이다. 보험의 낮은 신뢰도 회복에 필요한 윤리경영은 보험회사 자율적으로 수행되어야하며, 기업지배구조와 조직체계의 정립도 효과적인 윤리경영 수행에 필요한 인프라가될 것이다. 궁극적으로는 전략적인 윤리경영 수행이 보험회사의 지속가능한 경영전략이 되어야 할 것이다.

보험소비자와 경영자의
인식을 바탕으로

윤리적 소비의 등장과 소비자들의 기대

1950~60년대 유럽에서 태동된 '공정무역' 운동[1]이 '윤리적 소비' 운동[2]으로 확대되어 이미 탄탄한 기반 위에 놓여 있는데, 우리나라에서는 2000년대 초반부터 '윤리적 소비' 운동이 싹트기 시작하여 2004년 두레 생협이 필리핀 네그로스 섬의 마스코바도 설탕을 팔기 시작했고, YMCA·아름다운 재단·여성환경연대도 커피·의류 등의 공정무역 제품을 내놓고 있다.

소비자에게 웰빙이 트렌드였던 시대는 지나가고 있는 것 같다. 이제

---

1) 이는 제3세계의 노동력을 착취하지 않고 환경을 훼손하지 않는 무역 활동을 말한다.
2) 인간, 동물, 환경에 해를 끼치는 모든 상품을 불매하고, 공정무역에 기반한 상품을 구매한다. '모든 구매행위에는 윤리적 선택이 개입된다,' '쇼핑은 투표보다 중요하다'는 것이 이들의 신념이다.

소비자에게 새로운 트렌드는 윤리적 소비자가 되는 것이다. 과거에 소비자들이 자신에게만 유익한 몸에 좋거나 환경적인 제품을 선택했던 것에 반하여, 이제는 소비자들이 자신을 넘어서 글로벌한 사회를 고려하여 제품을 선택하고 있다. 그리하여 이익 창출을 위해 소비자의 욕구를 충족시켜야 하는 기업은 변하는 소비자의 욕구에 맞추어 변화하고 있다.

세계적으로 경기침체에도 불구하고 윤리적 소비는 증가하고 있으며, 향후에도 소비자 의식의 변화와 소득 수준의 향상으로 이러한 추세는 지속될 것으로 예상된다. 변혜원·조영현의 2013년 보고서에 따르면, 설문조사 결과 국내 소비자의 윤리적 소비에 대한 경험과 인식이 상당히 높은 것으로 나타났다. 다수의 응답자가 CSR 관련 정보가 구매에 영향을 주며 사회적 책임을 잘 수행하는 기업의 상품을 그렇지 않은 기업의 상품보다 더 구매한다고 응답했다. 또한 많은 응답자들이 더 비싸더라도 사회적 책임을 잘 수행하는 기업의 상품을 구매할 의향이 있다고 표시했다. 이는 기업이 CSR을 통해서 국내시장에서 경쟁적 우위를 가질 수 있다는 것을 시사하는 결과라 할 수 있다. 따라서 보험회사들은 국내 소비자들의 윤리적 소비 성향을 면밀히 분석하여 전략적으로 윤리경영을 할 필요가 있다.

보험회사 CEO의 윤리경영 인식 수준

보험회사 CEO들을 대상으로 설문조사한 결과를 통해서 보험회사의 윤리경영 실태와 수준을 가늠할 수 있으며, 그들의 인식 수준이 윤리경영 실행의 방향성에 큰 영향을 줄 수 있음을 알 수 있다. 오영수·김경환의 2010년 보고서에서도 시스템적 요소보다 CEO를 비롯한 임직원의 인식이 윤리경영의 성패에 핵심요소로 조사되었다. 〈그림 4.1〉과 〈그림 4.2〉를 보면 우리나라 보험회사 CEO들은 절대 다수가 CSR에 대하여 잘 알고 있는 것으로 응답하였으며, 보험사업을 하는 데 있어서 윤리경영이 필요하다고 동의하는 CEO들도 절대 다수로 파악되었음을 알 수 있다.

〈그림 4.1〉 CEO의 CSR/윤리경영에 대한 인식 수준

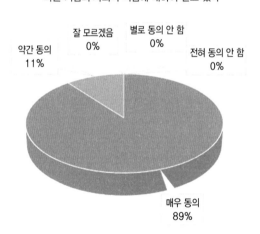

출처: Lee (2017)

〈그림 4.2〉 CEO의 윤리경영 필요성에 대한 인식 수준

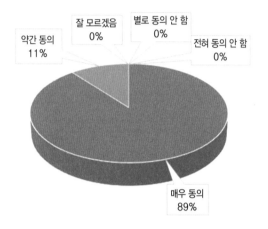

나는 보험업에 윤리경영의 필요성을 느낀다

약간 동의 11%
잘 모르겠음 0%
별로 동의 안 함 0%
전혀 동의 안 함 0%
매우 동의 89%

출처: Lee (2017)

사회적 책임에 근거한 윤리경영이 자신들의 보험회사 경영에 필요하다고 인식하고 있다는 것은 긍정적인 신호라고 할 수 있다. 왜냐하면 최고경영자의 의지만 있으면 어떤 형태로든 윤리경영을 실행할 수 있는 원동력이 되기 때문이다. 물론 우리나라의 보험회사 소유 구조를 보면 대기업집단이 소유하는 보험회사가 대다수를 차지하기에 대주주의 윤리경영에 대한 인식과 실천 의지가 더 중요하다고 볼 수도 있지만, CEO로서 회사 경영에 운신의 폭은 존재하고 있다고 본다. 그러므로 설문조사에 나타난 대다수 보험회사 CEO들의 인식 수준은 보험산업의 윤리경영 실행에 고무적이라 할 수 있겠다.

보험경영과 윤리

정부 주도가 아닌
업계 자율적으로

'관(官)' 주도의 경영 관행 탈피해야

우리나라는 1960년대 국가적인 경제개발을 정부 주도로 추진하면서 모든 산업에 정부의 입김이 강하게 작용하게 되었고, 규제산업인 보험 산업의 경우 보험상품 및 요율 등 보험경영의 모든 분야에 정부가 개입하는 관행이 뿌리내리게 되었다. 보험회사들은 정부의 보호 아래 외풍으로부터 안전하게 사업을 유지해 나갈 수 있었던 반면에, 자체적인 역량 강화와 경쟁력 향상을 위한 노력은 미진할 수밖에 없었다. CSR 분야에 있어서도 보험회사의 자각(自覺)에 의해 자발적인 사회공헌사업들이 추진되었다기보다는 정부나 금융당국이 대내외적 상황과 국민정서 등을 고려한 정책적 판단하에 보험업계에 권장하는 형태로 진행되어 왔다고 본다.

일본의 경우 윤리경영의 출발점을 1990년대 초로 볼 수 있는데, 기업이 자신의 경영이념에 따라 나름대로 실행해 오고 있는 CSR을 보다 효과적으로 추진할 수 있도록 경제단체와 정부가 협력하여 미국·유럽 선진국의 사례 소개, 학계 및 산업계 전문가와의 간담회 개최 등의 형태로 기업을 적극 지원하는 방식으로 진전되어 왔다. 유럽에서는 1993년 11월 유럽연합 출범으로 경제통합 이후 심각한 실업문제와 회원국 간의 경제격차가 본격적인 CSR 논의의 발단이 되었으며, 유럽연합집행위원회와 각국 정부의 주도로 CSR 활동을 추진하였다. 반면에 미국은 정부의 직접적 관여가 적은 가운데 NGO 등 비정부기구, 민간의 SRI펀드, 대형 금융기관 및 연금기금의 운용방침 등이 기업행동에 큰 영향을 미치는 등 민간 중심의 CSR 활동이 대세라 할 수 있다.

우리나라 대부분 기업들의 경영 행태로 볼 때 소비자 여론이나 정부의 눈치를 보는 관행이 여전히 존재하고 있는 것이 사실이나, 국제적인 CSR 활동의 흐름이나 미래지향적인 관점에서 기업이 더 이상 정부의 압력에 마지못해 기부활동이나 사회공헌사업을 쫓아가는 구태(舊態)에서 벗어나야 할 것이다.

자발적·자율적 윤리경영이 정착되도록

아래의 설문조사에서(〈그림 4.3〉 참조) CEO들의 대다수는 자신의 회사가 자발적으로 윤리경영을 수행하고 있다고 응답하였지만, 지난 10여 년간의 실상을 보면 응답을 액면 그대로 받아들이기는 어렵다. 그동안 우리의 현실이 순수하게 자발적인 경영활동의 일환으로 윤리경영과 CSR 활동이 이루어졌다고는 볼 수 없기 때문이다. 1980년대 중반부터 시작한 보험시장 개방과 글로벌화에 정부의 역할이 선도적이었던 반면에, 30년이 지난 현 시점의 글로벌 시장 내 기업 간의 무한경쟁 체제에서는 그 역할에 한계가 있으며 이제는 기업 활동을 지원하는 역할로 전환되어야 할 시점이다. 그렇게 함으로써 기업의 자발적인 필요에 따른 사회적 책임과 기업윤리에 입각한 경영활동이 정착될 수 있다. 어떤 일이든지 자발적으로 하는 것이 떠밀려서 하는 것보다 동기부여도 강하고 일에 대한 성과도 크다는 것은 누구나 동의하는 사실이다.

〈그림 4.3〉 CEO의 윤리경영 실행에 대한 인식

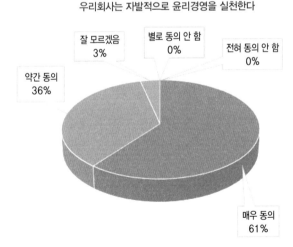

우리회사는 자발적으로 윤리경영을 실천한다

잘 모르겠음 3%

별로 동의 안 함 0%

전혀 동의 안 함 0%

약간 동의 36%

매우 동의 61%

출처: Lee (2017)

또한 윤리경영이 잘 실행되기 위해서는 정부나 금융당국이 제시하는 가이드라인에 따르기보다 자율적인 수행을 선호하는 CEO들이 훨씬 많았다는 것은 한편으로 CEO들의 자율경영에 대한 의지를 엿볼 수 있다. 자율성은 자유시장경제 시스템에 필수적인 요소로서 기업경영에 있어서 기업 스스로의 원칙에 입각하여 윤리경영을 실행하며 통제할 수 있는 속성을 갖는다. 기업이 자발적인 동기에 의하여 자신의 경영원칙에 입각하여 윤리경영을 실행하고 스스로 사회공헌 프로그램과 가용자원 등을 통제하여 집행할 수 있어야 지속적인 경영활동으로 유지될 것이기에 보험회사의 윤리경영은 자발적이고 자율적으로 수행되어야 하는 것이다.

개별 회사의 특성에 맞는 방식으로

이 책의 집필 과정에서 조사한 일본, 유럽, 미국의 기업들은 국가 간에 사회공헌과 CSR 활동의 차이가 존재하였고, 회사들 간에도 획일적이지 않고 나름대로 회사별 특징이 있다는 것을 발견하였다. 유럽에 기반을 둔 AXA보험그룹은 자체적인 자선재단과 교육기관 설립을 시작으로 2000년대에는 국제 협약과 글로벌 윤리경영 지수 편입에 적극적으로 참여해 오고 있으며, 미국의 Allstate는 주요 이해관계집단과의 지속가능을 위한 계량지표에 대한 성과평가 등을 해오고 있는 반면에, 일본의 동경해상그룹은 기업의 철학에 기반한 윤리헌장 제정 및 조직체계를 명확히 함으로써 이해관계집단과의 신뢰 구축 및 지속가능 과제들을 수행하는 특징을 보인다. 국내 보험산업의 경우에도 공동의 사회공헌사업은 협회를 통하여 수행되는 반면에, 개별 회사들의 사회공헌활동은 상당 부분 차별적으로 이루어지는 것을 볼 수 있다.

아래 설문조사에서 나타난 CEO들의 응답에서도 보여 주듯이 보험회사들은 산업 차원의 사회공헌활동보다 개별회사 차원에서 수행하는 것을 더 선호한다는 사실을 알 수 있다(〈그림 4.4〉 참조). 말하자면 협회를 중심으로 전개되어 온 사회공헌사업은 보험업의 본질을 살리고 보험사업과 연계된 프로그램으로 기획되었을지라도 각 보험회사의 고유한 특성을 살리기 어려운 것이 사실이다. 그러므로 향후 보험회사의 윤리경영은 공동 사회공헌사업의 비중을 낮추고, 개별 보험회사들이 회사의 경영이념과 사업 종목 및 규모 등의 특성에 맞추어 자체적으로 사회공헌 프로그램을 개발하여 실행하는 것이 자발적·자율적 윤리경영의 촉진제가 될 것이다.

〈그림 4.4〉 CEO의 윤리경영 수행방식에 대한 선호도

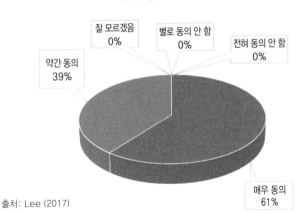

회사특징을 살릴 수 있어서 좋다

잘 모르겠음 0%
별로 동의 안 함 0%
전혀 동의 안 함 0%
약간 동의 39%
매우 동의 61%

출처: Lee (2017)

기업지배구조와 조직은?

이사회의 역할 정립해야

제2부에서 보험회사의 기업지배구조 체계에 대한 깊이 있는 논의가 있었다. 결론은 기본에 충실하자는 것인데, 즉 윤리경영을 포함한 모든 기업의 주요 경영활동에 이사회를 중심으로 조직구조를 갖추고 책임과 의무를 다하는 것이 윤리경영의 기본이 된다는 것이다. 보험회사들의 지배구조를 보면 다행인지 불행인지 1990년대 말 외환위기로 인한 IMF의 요구에 따라 금융산업의 시스템이 정비되어 지배구조 체계는 적어도 외형상으로는 잘 갖추고 있다고 할 수 있다. 문제는 지배구조 체계의 운영에 달려 있다.

즉, 대부분의 보험회사는 조직구조에 이사회를 중심으로 감사위원회, 보상위원회, 리스크관리위원회, 대표이사후보추천위원회 등의 위

보험경영과 윤리

원회를 통해 지배구조 체계를 갖추고 있다. 하지만 사외이사로만 구성된 보상위원회에서 대표이사 등 주요 경영진의 급여 및 인센티브를 자율적으로 결정하는 역할을 수행하는 회사는 찾기 어려우며, 대표이사후보추천위원회에서 임기가 만료되는 대표이사의 후임을 주도적으로 물색하여 추천하는 회사는 거의 없을 것으로 판단된다. 대부분의 경우 대주주가 사전에 정해 놓은 대표이사 후보에 대해 대표이사후보추천위원회는 자격요건 등만 검토하여 이사회에 상정하고, 이사회는 이를 추인하는 형태로 이루어지는 것이 관행이기 때문이다. 경영진의 보수를 결정하는 보상위원회의 의사결정 과정도 이와 다를 바 없다.

이사회가 회사경영에 실질적으로 주도적인 역할과 자율적 기능을 수행해야 윤리 강령과 행동수칙도 만들고 내부통제와 준법감시 등의 윤리경영 활동이 제대로 작동될 수 있다. 그러므로 보험회사의 윤리경영 실행을 위해서는 이사회가 규정상의 권한과 의무 등을 명확히 이해하고 철저히 행사할 수 있도록 주주들이 보장하고 지원하는 기업문화가 필요하다. 또한 많은 국내외 기업에서 대표이사가 이사회 의장을 겸직하는 사례가 있는데, 이는 지배구조상 이사회가 대표이사를 포함한 경영진을 감시하는 기능이 상실된 상태라 하겠다. 효율성을 명분으로 회사경영 기능과 경영감시 기능을 하나로 통합하는 기업지배구조 모형은 견제와 균형을 위해 만들어진 이사회의 기능에 반(反)하며 윤리적으로 합당치 않다. 이러한 관행부터 바꾸어 나가는 것이 우리의 과제이다.

전담부서의 조직화

윤리경영을 표방하는 기업과 보험회사들은 수없이 많으나 실제로 이를 적극적으로 실행하는 조직구조를 갖춘 기업들은 그리 많지 않은 것이 현실이다. 국내 보험회사 CEO 대상 설문조사에서도 28개 회사 중에 16개 회사만이 윤리경영을 수행하는 별두의 조직이 있다고 응답하였듯이,[3] 아직도 우리의 보험산업에서 윤리경영은 주요 기능으로 조직화되어 있기보다는 대부분 회사의 경영기획이나 홍보, 인사 등의 부서에서 소수의 담당자를 통해 수행되는 것이 현실이다.[4]

AXA보험그룹은 세 개의 조직이 윤리경영을 담당하고 있는데, 2001년에 조직된 '지속가능발전부서'와 '부문별 지속가능발전 담당자 네트워크' 그리고 '지속가능발전 관리위원회'로 구성된다. 이 조직들은 그룹의 지속가능발전 정책을 감독·조정하고 그룹의 여러 부문별 담당자들과의 긴밀한 업무 수행, 지역별 지속가능발전 프로그램 운영 및 모범규준 촉진, 그룹의 지속가능발전 전략 수행을 지원하고, 회사별 실행계획을 평가하는 업무를 각각 수행한다.

이렇듯 회사의 규모와 지역별 분산 등을 고려하여 AXA그룹은 본사조직 및 지역별 조직으로 구성하고, 그룹 차원의 전략 수립 및 회사별 평가체계를 갖추고 있는 윤리경영 전담부서의 다면적 조직화라는 시사

---

3) Lee (2017) 참조

4) 오영수·김경환(2010)의 조사에 의하면 사회공헌활동을 담당하는 직원의 수는 회사당 평균 2.4명으로 대형사가 3명, 외국사가 2.5명, 중소형사가 2.1명으로 파악되었으며, 윤리경영 전담조직의 운영이 윤리경영 활성화에 기여하는 효과적인 사내 제도로 분석되었다.

점을 준다.

제3부에 소개된 동경해상그룹의 윤리경영 조직체계(아래 〈그림 4.5〉 참조)는 그룹과 계열사의 이사회와 위원회 및 하부 조직으로 업무영역이 구체적으로 명시되어 윤리경영 실천에 대한 강한 의지를 읽을 수 있다. 그룹(지주회사) 차원의 이사회에서 CSR 전략을 최종적으로 결정하고 평가하는 업무를 맡고 있으며, 계열사 사장들로 CSR 위원회를 구성하여 1차적으로 CSR 전략을 결정하고 평가하는 업무를 한다.

계열사 사장들의 경영회의에서는 'CSR Dialogue'라고 부르는 기능을 두어 지주회사 및 계열사 사장들 그리고 CSR 담당임원들이 외부전문가와 의견교환 및 토의를 정기적으로 한다. 그룹기획본부는 CSR 담당 부서로서 다른 통제부서들의 협력 하에 CSR 전략과 계획들을 계열사의 CSR 책임자들과 공유하고 토의하는 CSR Key Persons Conference를 운영한다. 계열사 차원에서는 이사회 산하에 CSR 촉진 책임자를 두어 현장에서의 CSR 활동을 실행한다.

이러한 동경해상그룹의 계층적인 CSR 조직체계는 우리 보험회사들이 이사회의 중추적인 역할을 인식하고 이사회를 중심으로 윤리경영을 실행해 나가는 조직구조의 모범 사례로 볼 수 있다. 앞에서 강조한 윤리경영 실행에 핵심적인 이사회의 역할이 이러한 조직구조에서 효과적으로 작동될 것으로 보인다.

〈그림 4.5〉 동경해상그룹의 윤리경영 조직체계

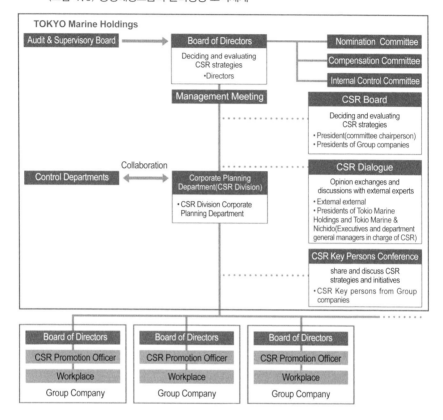

전략적
윤리경영으로

　"윤리경영은 단순한 자선활동이 아니라 경영에 유기적으로 통합되어야 하는 핵심 경영활동이다. 전략적 관점을 갖고 설계하지 않으면 남의 돈을 가져다 자기 것처럼 선심 쓰는 행동이 되어 버릴 수 있다. 가장 큰 문제는 전략적 관점 없는 근시안적 사회봉사 활동은 지속가능하지 않다는 점이다. 전략에 유기적으로 통합되지 못한 사회활동은 본질적으로 불안정하다. 시장 상황이 좋고 기업에 현금이 넘칠 때는 졸부가 돈을 물 쓰듯 여기저기 뿌리다가 시장 상황 변화로 경영이 어려워지면 바로 축소하기 때문이다. 하지만 사소해 보이는 사회공헌활동이라도 기업의 가치관과 장기적 수익성이 통합된 전략적 사회공헌활동은 시장 상황이 어려워져도 쉽게 축소되지 않는다. 장기적이든 단기적이든 기업 경쟁력에 직접 연결되는 활동이기 때문이다. 따라서 기업의 윤리경영 담당자들이 해야 할 일은 전략적 사회공헌활동의 설계이다. 기업의 윤리적 가치관과 경영전략을 유기적으로 통합되도록 설계하는 것이 가장 기본적인 출발점이다."[5]

경제적·사회적 이익에 함께 기여하는 CSR 활동

기업의 1차적인 목표는 기업 가치를 극대화하여 기업의 주인인 주주들의 부(富)를 증대시키는 데 있다. 시대가 바뀌어도 이 목표는 변함이 없는 반면에 인권·노동권 존중 등의 사회적 목표, 환경오염 방지와 같은 환경적 목표, 그리고 기업의 올바른 지배구조를 통한 윤리적 경영의 실천과 같은 것들이 사회의 필요에 의하여 기업의 지속가능한 발전을 위하여 제기되고 이를 실천해 나가는 게 현재와 앞으로의 기업경영의 방향이라고 본다. 보험회사 경영에 있어서도 이러한 기조는 마찬가지이다.

전략적 윤리경영은 기업의 투자활동에 있어서 '사회책임투자'와 같이 주주권 행사를 통해서 투자대상 기업의 환경·사회책임·지배구조(ESG)를 변화시키는 활동보다는, 이러한 비재무적 평판이 우수한 기업을 대상으로 투자하여 투자수익을 장기적으로 극대화하는 '책임투자'에 가깝다고 할 수 있겠다. 이러한 투자전략은 좋은 지배구조를 가진 기업의 주식을 매수하고 지배구조가 나쁜 기업의 주식을 매도하는 전략이

---

5) 이원재(2005)의 '전략적 윤리경영의 발견' 중에서 발췌

보험경영과 윤리

초과수익을 달성하였다는 실증연구[6] 결과를 통해 책임투자가 사회적 이익과 경제적 이익을 함께 추구하는 기업의 전략적 윤리경영에 적합한 투자전략이 될 수 있음을 시사한다. 그러므로 장기계약을 수탁·관리하는 보험회사에게는 '책임투자'가 수탁자의 책무에 적합한 투자원칙이 될 수 있다.

보험회사는 일반 제조업체와는 달리 환경문제 등 사회적 이슈에 직접적으로 노출될 가능성은 적으나, 고유의 업무활동을 통해 사회적으로 책임 있는 역할을 충분히 수행할 수 있다. 즉, 자산운용 시 투자대상 기업의 ESG 등급[7]을 의사결정에 반영하도록 자산운용 지침 및 업무 프로세스를 정비할 수도 있으며, 투자기업에 대하여 수집된 정보는 환경배상책임보험, 임원배상책임보험 등과 같이 기업의 CSR 활동과 관련이 높은 상품의 판매에도 활용되도록 체계적으로 집적하는 것도 해당된다.

퇴직연금, 변액보험 등과 같이 고객의 투자의사 결정 권한이 큰 상품에 사회책임투자 방식을 도입한다면 노동조합, 종교단체 등과 같이 사회적 책임에 관심이 많은 목표고객에게 좋은 이미지를 줄 수도 있을 것이다.

---

6) 예를 들면, Gompers, et al. (2003)

7) 한국기업지배구조원이 국내 상장회사의 사회적 책임을 제고하고 그 활동을 장려하는 한편, 투자자들의 책임투자를 활성화시키기 위해 독자적으로 개발한 평가모델로 환경경영(Environment), 사회책임경영(Social Responsibility), 지배구조(Governance)의 세 가지 측면으로 나누어 평가하고 있다.

사업연계 상품개발 및 연구

윤리경영을 실행하는 데 있어서 업의 본질에 기반한, 즉 주(主)사업과의 연계성이 있는 CSR 활동이 필요하다. 포터와 크래머(Porter and Kramer)는 기업의 CSR 이행에 그 기업의 사업 분야와 관련된 이슈를 선택해야 시장에서 경쟁력을 제고할 수 있다고 주장하였다.[8] 보험회사는 개인과 기업의 리스크를 전가받아 효율적으로 관리하는 리스크 관리자로서의 역할이 주된 것이기에 기존에 보장을 받지 못하거나 상대적으로 취약한 소비자 집단을 위한 상품을 개발하여 제공하는 것이 본업에 기반을 둔 CSR 활동이 될 것이다.

현재 국내에서 시판되는 보험상품 중에서 주행거리연동자동차보험과 서민우대자동차보험이 대표적인 손해보험 CSR 상품인 반면, 생명보험 분야에서는 이렇다 할 상품을 찾기 어렵다. 소액보험은 미소금융재단에서 시행하는 CSR 사업이지만 은행과 보험회사의 휴면예금·휴면보험금을 재원으로 빈곤아동과 장애인시설에 보험료를 지원하는 역할을 하고, 보험회사들은 이에 맞추어 한정된 보장을 제공하는 소액보험 상품 판매에 그치고 있다. 반면에 유럽·미국의 보험회사들이 아프리카와 남미 등 저개발국에 판매하는 소액보험과, 미국 내에서 판매되는 친환경건축보험이나 재생에너지보험은 우리 보험회사들에게 도전정신을 불러일으킨다.

---

8) Porter and Kramer (2006) 참조.

AIG의 2007년 라틴아메리카 진출 성공 사례는 소액대출자에게 소액보험을 연계하여 판매한 전략과, 금융이해와 리스크 관리기법 교육이 소액보험 발전에 핵심이었음을 보여 준다. 소액보험은 일반적 사회공헌활동이 아닌 본연의 영업행위와 직접 연관된 보험취약계층에 대한 보장으로서, 계층 간 소득격차가 양극화되는 상황 속에 실질적인 수요계층을 위하여 미소금융재단이 지원하는 획일적인 상품이 아닌 각 보험회사의 전략적 선택에 따른 자발적인 상품개발이 필요한 시점이다.

보험 가입 시 언더라이팅에서 제외되거나 보험료 적용상의 불이익으로 소외되고 있는 고령층에 특화한 상품을 개발하여 판매하는 것도 주요한 사회공헌사업이 될 것이다. 이미 유럽과 북미 지역에서는 50대 이상의 고령층을 대상으로 간병, 퇴원후가사서비스, 집수리연결서비스 등의 보장을 제공하는 보험상품이 '50+ Assist Plan'이란 이름으로 꾸준히 판매되고 있으며, 영국에는 '50plus Insurance Services'란 이름의 보험회사가 설립되어 주택·자동차·여행 등의 보장을 원하는 50대 이상의 보험수요자들에게 다가가고 있는 실정이다. 이 또한 우리 보험산업의 사업 연계형 CSR 상품으로서 좋은 모형이 될 것이다.

국제표준의 동조화에 동참해야

보험시장이 대외적으로 개방되기 이전인 1980년대까지 우리 보험회사들은 정부의 보호하에 국제적인 보험시장의 변화와 흐름에 개의

치 않고 국내 소비자들을 대상으로 '땅 짚고 헤엄치기' 식으로 안일하게 사업을 영위해 왔다고 해도 과언이 아니다. 그런 가운데 1980년 후반부터 외국계 보험회사들의 대거 진입과 1990년대 들어서 세계무역기구(WTO)와 경제협력개발기구(OECD) 가입으로 이어지면서 보험시장의 대외 개방이 급속히 확대되었다. 시장개방화는 보험산업의 글로벌화를 요구하였고, 국내 보험회사들은 글로벌 스탠더드에 맞추어 제도개선과 경영방식의 변화를 추구하게 되었다. 1990년대 말의 외환위기는 보험산업의 구조조정을 야기하고, 2000년대에 접어들어 국제표준의 동조화 현상은 확대되어 갔다.

CSR과 윤리경영 분야도 예외가 될 수 없었다. 유엔(UN) 등 국제기구에서 인권·노동기준·환경 등을 위한 협약과 지속가능 지표들[9]이 생겨나고, 국제표준화기구인 ISO에서는 CSR의 국제표준이라 하는 ISO 26000[10]을 2010년에 제정하게 되었다. 이러한 국제적 기구의 협약과 계획, 지표관리에 글로벌 보험회사들이 주도적으로 참여함으로써 윤리경영의 동조화 흐름을 이끌었다. 뒤늦게 이 흐름에 참여한 우리 보험회사들도 해외진출 등의 글로벌 사업 확대와 보험시장의 윤리적 소비운동 확대 추세로 동참하지 않을 수 없는 상황에 이른 것이다. 그런고로 적어도 글로벌 경영을 지향하는 보험회사들은 지속가능경영

---

9) UN Global Compact, UN Environment Programme Finance Initiative, Global Reporting Initiative, Dow Jones Sustainability Index 등이 있다. 자세한 내용은 《부록》 참조.

10) 자세한 내용은 《부록》 참조.

을 위하여 국제적 협약 및 계획에 가입하고, 지속가능평가에 대응하는 전략이 필요하다. 이러한 업무 추진을 위해서 윤리경영 전담조직의 필요성이 다시금 대두되는 것이다.

미국의 경우 1990년대 대형 생보사의 보험상품 부실판매에 따른 대규모 소송과 벌과금, 신용등급 하락 등을 초래하였으며, 이로 인한 생명보험 산업의 신뢰 하락에 대응하여 IMSA[11]보험시장표준협회를 1996년 설립하여 높은 윤리적 기준을 갖춘 생보사의 윤리경영체제 구축을 선도해 오고 있다. 우리나라도 이와 유사한 자율규제 기능의 상설기구를 생·손보 협회의 공조하에 만들어서 표준적인 영업행위 윤리기준을 제정하고 인증하는 절차를 통하여 보험산업의 신뢰도를 높여 나가는 것이 늦은 감은 있지만 필요해 보인다.

보험소비자 교육 병행되어야

국내 보험회사들에 대한 실태조사[12]에서 윤리경영 활성화에 가장 효과적인 사내 제도를 윤리경영 교육프로그램으로 선택한 것을 보면, 보험회사들도 윤리교육의 중요성을 충분히 인식하고 있는 것으로 판단된다. 보험회사의 윤리교육 실태는 주로 보험회사 임직원만을 대상으로 하는 경우가 대부분이고, 모집조직이나 협력회사의 임직원을 대상으로 하지 않고 있다. 모집조직의 경우 보험업감독규정을 제정하여 모

---

11) The Compliance & Ethics Forum for Life Insurers (CEFLI)로 명칭이 바뀌었다.
12) 오영수·김경환(2010) 참조.

집종사자교육협의회를 구성하고 보험연수원 등의 교육기관을 통하여 2011년부터 보험윤리에 관한 과목을 포함시켜 정기적인 보수교육 시에 이수토록 하고 있다.

이처럼 보험회사 임직원과 모집조직에 대한 윤리교육은 실시되고 있지만 각 회사의 기업문화에 맞는 내용의 윤리교육이 이루어지는지는 의문시되는 반면에, 업무위탁기관 등 협력회사의 임직원에 대한 윤리교육은 매우 제한적으로 이루어지는 실정이다. 보험회사가 협력회사를 선정할 때 윤리경영 이행 수준을 반영하는 것이 이미 국제적인 관행이 되고 있으며, 본사 임직원의 부정·부당 행위에 대하여 협력회사는 신고제도를 도입하여 보험회사와 협력회사가 공동으로 윤리경영을 추진해 나가는 게 바람직하다.

한편 생산자인 보험회사뿐 아니라 소비자를 대상으로 한 교육도 함께 이루어져야 보험산업의 윤리경영이 우리 사회에 정착할 수 있는 기반이 마련된다. 보험의 역할과 기능에 대한 인식을 초등학교 시절부터 가질 수 있도록 공교육에 교과과정화 하는 방법이 있으며, 이들은 잠재소비자로서 성인이 되었을 때 학교에서 배웠던 보험에 대한 인식에 근거하여 보험을 구매하기 때문에 보험의 기능에 대한 올바른 인식을 통하여 윤리적인 소비를 할 수 있게 된다.

또한 소비자보호 추세가 보험시장에도 확대되는 가운데 악덕소비자(black consumer)의 존재도 부각되고 있는데, 순수한 소비자보호를 악용하는 일부 소비자들의 이탈 행위는 반사회적이며 비윤리적이란 사실을 교육을 통하여 인식시켜야 할 것이다. 윤리경영은 기업의 일방적인 경영방식만으로는 사회적인 공감대의 확산이 제한적일 수밖에 없고, 소비자 측면에서도 이러한 인식의 변화를 가져와야 지속가능한 윤리경영이 정착될 수 있다고 본다.

아울러 보험회사의 윤리경영 활동이 전략적으로 효과를 거두기 위해서는 소비자들이 이러한 기업의 활동을 알도록 해야 한다. 우리나라 기업들의 사회공헌 및 CSR 활동에 대한 지출규모가 선진국들에 비해 적지 않음에도 소비자들의 기업에 대한 인식이 부정적인 것은 기업이 이러한 활동을 홍보에 적극적으로 활용하지 않은 데에도 원인이 있다. 그러므로 보험회사들은 소비자에게 CSR 활동 관련 정보를 제공하는 홍보 활동이 전략적 윤리경영에 중요한 요소임을 인식하여 개별 회사나 협회 차원에서 지속적으로 수행해야 할 것이다.

CSV(Creating Shared Value)[13]를 경영전략으로

최근에 구체화된 개념인 CSV는 기업의 책임을 기부활동과 같은 비용 관점으로 보지 않고 사회와 공유된 가치를 창출하는 수익 관점으로 경영사고의 전환을 가져왔다. 이는 기업이 경제적 가치를 창출하면서 동시에 사회의 니즈와 이슈들을 다룸으로써 사회의 가치도 창출하는 방식으로의 경영을 의미하며, 회사의 성공과 사회적 발전은 상호의

---

13) Porter and Kramer (2011) 참조.

존적이라는 발상에 근거한다.

즉, CSV는 기업의 사회적 책임이나 기부활동이 아닌 사업전략의 핵심이 된다는 것이다. 왜냐하면 '공유가치' 개념은 회사들이 사회의 편익을 약화시키기보다는 편익을 창출하는 '올바른 종류의 수익(right kinds of profits)'에 초점을 맞추는 것이기 때문이다. 보험산업은 궁극적인 공유가치 산업으로서 사회적 영향이 경제적 성공에 필수적이다. 사고를 줄이고, 건강을 증진시키며, 기업들이 경제적 리스크에 더 잘 대비하도록 도와주는 것 모두가 보험회사의 수익성을 개선시켜 준다.

그러나 아직도 많은 보험회사들은 적극적으로 공유가치를 추구하기보다는 소극적인 보험계리적 틀에 갇혀 있기에 회사와 사회 모두의 성과를 개선할 수 있는 기회들을 간과하고 있다는 것이다. 같은 맥락에서 포터(Porter)는 보험사업에 전면적인 공유가치 전략을 실행하기 위해서는 두 가지 원칙을 지켜야 한다고 제시한다. 첫째, 보험회사들이 사회적 책임이나 일시적인 기부활동과는 확연히 구별되는 공유가치를 핵심 사업전략으로 채택해야 하며, 둘째는 상품과 클레임관리에 국한된 내부적 초점에 국한하지 말고 보험소비자의 행동을 개선하고, 시민사회의 주역들과 협력하며, 공공정책을 발전시키는 외부지향적인 접근을 수용하도록 넘어설 필요가 있다는 것이다.[14] 이들은 보험에 공유가치를 창출하기 위한 강화 전략으로 취약보장 계층의 보장 갭 없애기, 예

---

14) Jais, et al. (2017)에서 인용

방과 보호 체계에 투자할 것을 제시한다.

CSV는 우리 사회나 보험산업에 비교적 생소한 개념으로 보이지만 윤리경영을 요구하는 글로벌 사회의 니즈에 긍정적인 경영사고의 전환을 가져다줄 수 있는 경영전략으로 등장하였다. 궁극적인 리스크 관리자를 자처하는 보험회사는 보험상품과 리스크 관리서비스를 통하여 우리 주변에 산재된 개인과 기업의 각종 리스크에 대비토록 하여 사회의 안전과 건강한 발전을 제공해 준다.

동시에 이러한 보험사업의 수행을 통하여 보험산업에는 '올바른 수익'이 증대되는 성과를 가져옴으로써 우리 사회와 보험산업 간에 공유가치가 존재한다는 사실을 인식하는 것이 보험경영에 필요하다. 포터가 제시한 우리 사회 취약계층의 보장 갭을 없애고 그들의 예방과 보호 체계에 투자하는 것이 보험의 공유가치 창출에 어떻게 작용하는지 곱씹어 볼 필요가 있는 시점이다.

참고문헌

- 로이크 쇼보(Loic Chauveau)(2011), *지속가능한 발전*, 윤인숙 역, 현실문화.

- 변혜원·조영현(2013), 보험회사의 사회적 책임 이행에 관한 연구, *조사보고서* 2013-4, 보험연구원.

- 연합뉴스, 2005.12.21.

- 오영수·김경환(2010), 보험회사의 윤리경영 운영실태 및 개선방안, *경영보고 서* 2010-2, 보험연구원.

- 윌리엄 사하키안(William Sahakian)(1986), *윤리학의 이론과 역사*, 송휘철·황 경식 역, 박영사.

- 이경룡·이봉주(2003), 보험회사의 기업윤리 현황과 과제, *보험학회지* 제64집 ('03-4): 137-159.

- 이기훈·이의영(2011), 사회책임경영(CSR)의 역사적 고찰과 기업의 대응전략, *창조와 혁신*, 4(1): 87-117.

- 이순재(2013), 보험회사의 사회적 책임과 윤리경영: 실태와 개선방안, 손해보 험 531호(2013.02): 16-35.

- 이원재(2005), *전략적 윤리경영의 발견*, 삼성경제연구소.

- 이종영(2008), *기업윤리-윤리경영의 이론과 실제*, 삼영사.

- 이태열·황진태·이선주(2015), 보험산업 신뢰도 제고방안, *조사보고서* (2015.03), 보험연구원.

- 제프리 삭스(Jeffrey Sachs)(2015), *지속가능한 발전의 시대*, 홍성완 역, 21세기 북스.

보험경영과 윤리

- 조성훈(2017), 우리나라 증권업 CEO 재임기간과 경영활동, *자본시장 포커스* 2017−23호, 자본시장연구원.

- 중소기업청(2016), 중소기업, 사회적 책임(CSR) 실천의 주역으로 육성, 보도 자료, 2016.10.28.

- 중앙일보, 2013.07.25.

- 코트라(kotra) (2017), 주요국 CSR 정책 트렌드와 기업의 대응전략, *Global Strategy Report* 17−013.

- 환경부(2014), 환경보전에 관한 국민의식조사.

- 황호찬(1998), 규칙 윤리(Ethics of Rules)와 덕 윤리(Ethics of Virtues)의 통합: 공인회계사의 윤리의식 제고를 위한 방안, *경영학연구*, 27(2): 343−362.

- 황호찬(2007), 중소기업의 사회적 책임에 관한 연구: 기업규모 및 이해관계자 의 영향을 중심으로, *중소기업연구* 29(2): 229−243.

- Alexander, G. and R. Buchholz (1978), Corporate Social Responsibility and Stock Market Performance, *Academy of Management Journal*, 21: 479-486.

- Archinson, B. (2005), Ethics after Enron: The Next 10 Years in the Financial Services Profession, *Journal of Financial Service Professionals* (Jan. 2005): 56-59.

- Aupperle, K., A, Carroll, and J. Hatfield (1985), An Empirical Examination of the Relationship between Corporate Social Responsibility and Profitability, *The Academy of Management Journal*, 28(2): 446-463.

- Becchetti, L., R. Ciciretti, and I. Hasan (2009), Corporate Social Responsibility and Shareholder's Value: an Empirical Analysis, *Bank of Finland Research Discussion Papers* 1/2009.

- Belu, C. and C. Manescu (2013), Strategic Corporate Social Responsibility and Economic Performance, *Applied Economics*, 45(19): 2751-2764.

- Bihari, S. and S. Pradhan (2011), CSR and Performance: The Story of Banks in India, *Journal of Transnational Management*, 16(1): 20-35.

- Busch, T. and A. Bassen (2015), ESG and financial performance: aggregated evidence from more than 2000 empirical studies, *Journal of Sustainable Finance & Investment*, 5(4): 210-233.

- Carroll, A. (1979), A Three-Dimensional Conceptual Model of Corporate Social Performance, *Academy of Management Review*, 4(4): 497–505.

- Carroll, A. (1991), The Pyramid of Corporate Social Responsibility: Toward the Moral Management of Organizational Stakeholders, *Business Horizons*, 34 (July–August): 39–48.

- Carroll, A. and K. Shabana (2010), The Business Case for Corporate Social Responsibility: A Review of Concepts, Research and Practice, *International Journal of Management Reviews* 12(1): 85-105.

- Cavanaugh, G., D. Moberg and M. Valesquez (1981), The Ethics of Organizational Politics, *Academy of Management Review* 6(3): 363-374.

- Clarkson, M. (1995), A Stakeholder Framework for Analyzing and Evaluating Corporate Social Performance, *Academy of Management Review* 20(1): 92-117.

- Committee for Economic Development (1971), *Social Responsibilities of Business Corporations,* New York.

- Cochran, P. and R. Wood (1984), Corporate Social Responsibility and Financial Performance. *The Academy of Management Journal*, 27(1): 42-56.

- Cooper, R., G. Frank, and A. Williams (2003), The Life Insurance Industry's Ethical Environment: Has It Improved in the New Millennium?, *Society of Financial Service Professionals* (November 2003): 38-50.

- Cooper, R. and G. Frank (2005), The Highly Troubled Ethical Environment of the Life Insurance Industry: Has it Changed Significantly from the Last Decade and if so, why?, *Journal of Business Ethics* 58: 149-157.

- Coydon, M-A and V. Molitor (2011), *Commercial Insurers in Microinsurance*, Micro Insurance Network.

- Davis, K. (1960), Can Business Afford to Ignore Social Responsibilities, *California Management Review* 2(3): 70-76.

- DesJardins, J. (2011), *An Introduction to Business Ethics*, 4th edition, International Edition, McGraw-Hill.

- Donaldson, T. and L. Preston (1995), The Stakeholder Theory of the Corporation: Concepts, Evidence, and Implications, *Academy of Management Review* 20(1): 65-91.

- Drucker, P. (1955), *The Practice of Management*, London: Heinemann.

- Drucker, P. (1974), *Management: Tasks, Responsibilities, Practices*, London: Heinemann.

- Eastman, K., J. Eastman, and A. Eastman (1996), The Ethics of Insurance Professionals: Comparison of Personal Versus Professional Ethics, *Journal of Business Ethics* 15: 951-962.

- Eccles, R., I. Ioannou, and G. Serafeim (2012), The Impact of Corporate Sustainability on Organizational Process and Performance, *NBER Working Paper* No. 17950, National Bureau of Economic Research.

- Eccles, R. and G. Serafeim (2013), The Performance Frontier: Innovating for a Sustainable Strategy, *Harvard Business Review*, (May 2013): 1-10.

- Eells, R. and C. Walton (1961), *Conceptual Foundations of Business*, Homewood: Richard D. Irwin.

• Elkington, J. (1997), *Cannibals with Forks: the Triple Bottom Line of 21st Century Business*, Oxford: Capstone.

• Epstein, E. (1987), The Corporate Social Policy Process: Beyond Business Ethics, Corporate Social Responsibility, and Corporate Social Responsiveness, *California Management Review* 29(3): 99-114.

• Ethics Resource Center (2002), *Business Ethics Timeline*. www.ethics.org/resources/busienss-ethics-timeline.asp.

• Freeman, R. (1984), Strategic Management: A Stakeholder Approach, *Pitman Series in Business and Public Policy*, Boston: Pitman.

• Friedman, M. (1962), *Capitalism and Freedom*, The University of Chicago Press.

• Friedman, M. (1970), The Social Responsibility of Business is to Increase its Profits, *The New York Times Magazine*, September 13, 1970.

• Galli, G. (2005), Towards a Good Governance in Financial and Insurance Services: Transparency in the Life Insurance Industry in Italy, *The Geneva Papers on Risk & Insurance – Issues & Practice* 30: 443-450.

• Garriga, E. and D. Mele (2004), Corporate Social Responsibility Theories: Mapping the Territory, *Journal of Business Ethics* 53(1/2): 51–71.

• Ghillyer, A. (2012), *Business Ethics Now*, International Edition, McGraw-Hill.

• Gompers, P., J. Ishii, and A. Metrick (2003), Corporate Governance and Equity Prices, *Quarterly Journal of Economics* 118(1): 107-155.

• Heal, G. (2005), Corporate Social Responsibility: An Economic and Financial Framework, *The Geneva Papers on Risk and Insurance - Issues and Practice* 30(3): 387-409.

　　　　　　　　　　　　　　　　　　　보험경영과 윤리

• Hopkins, M. (2004), Corporate Social Responsibility: An Issues Paper, *International Labour Office Working Paper* No. 27.

• International Management Development (2014), *2014 IMD World Competitiveness Yearbook.*

• Jais, N., F. Lund, M. Pfitzer, and A. Rodriques (2017), *Insuring Shared Value - How Insurers Gain Competitive Advantage by Better Addressing Society's Needs,* Shared Value Initiative, FSG.

• Jensen M. and W. Meckling (1976), Theory of the Firm: Managerial Behavior, Agency Costs and Ownership Structure, *Journal of Financial Economics* 3(4): 305-360.

• Jones, T. and A. Wicks (1999), Convergent Stakeholder Theory, *Academy of Management Review* 24(2): 206-221.

• Karpoff, J. (2001), The Impact of Shareholder Activism on Target Companies: A Survey of Empirical Findings. Available at SSRN: https://ssrn.com/abstract=885365.

• Kitzmueller, M. and J. Shimshack (2012), Economic Perspectives on Corporate Social Responsibility, *Journal of Economic Literature* 50(1): 51-84.

• Kurland, N. (1995), Ethics, Incentives, and Conflicts of InterestL A Practical Solution, *Journal of Business Ethics* 14: 465-475.

• Lee, S-J (2017), Direction of Ethical Management for Insurance Companies in Korea: CEO Survey and Implications, *Paper presented at 2017 Asia-Pacific Risk and Insurance Association,* Poznan, Poland.

• Moskowitz, M. (1972), Choosing Socially Responsible Stocks, *Business and Society Review,* (1): 71-75.

• National Association of Insurance Commissioner (2008), Solvency

Modernization Initiative (SMI) - *Consultation Paper on Corporate Governance and Risk Management.*

- Oh, W. and S. Park (2015), The Relationship Between Corporate Social Responsibility and Corporate Financial Performance in Korea, *Emerging Markets Finance and Trade*, 51(sup3): 85-94.

- Porter, M. and M. Kramer (2002), The Competitive Advantage of Corporate Philanthropy, *Harvard Business Review* 80(2): 56-69.

- Porter, M. and M. Kramer (2006), Strategy and Society: The Link between Competitive Advantage and Corporate Social Responsibility, *Harvard Business Review* 84(12): 78-92.

- Porter, M. and M. Kramer (2011), Creating Shared Value, *Harvard Business Review* 89(1/2): 62-77.

- Renneboog, L., J. Horst, and C. Zhang (2007), Socially Responsible Investments: Methodology, Risk Exposure and Performance, *Discussion Paper* No. 2007-31, Tilburg University.

- Schwartz, M. and A. Carroll (2003), Corporate Social Responsibility: a Three-Domain Approach, *Business Ethics Quarterly* 13(4): 503-530.

- Sen, S. and C. Bhattacharya (2001), Does Doing Good Always Lead to Doing Better? Consumer Reactions to Corporate Social Responsibility, *Journal of Marketing Research*, 38(2): 225-243.

- Skare, M. and T. Golja (2012), Corporate Social Responsibility and Corporate Financial Performance – Is There A Link?, *Economic Research*, 25(sup1): 215-242.

- Snider, J., R. Hill, and D. Martin (2003), Corporate Social Responsibility in the 21st Century: A View from the World's Most Successful Firms, *Journal of*

Business Ethics 48: 175-187.

- Solomon, R. (1984), *Morality and the Good Life*, McGraw-Hill.

- Spreckley, F. (1981). *Social Audit: A Management Tool for Co-operative Working*. Beechwood College.

- Vance, S. (1975), Are Socially Responsible Corpoations Good Investment Risks?, *Management Review*, 64(8): 19-24.

- Vinten, G. (1990), Business Ethics: Busybody or Corporate Conscience?", *Managerial Auditing Journal* 5(2): 4-11.

- Wartick, S. and P. Cochran (1985), The Evolution of the Corporate Social Performance Model, *Academy of Management Review* 10: 758-769.

- Weaver, G. and L. Trevino (1994), Normative and Empirical Business Ethics: Separation, Marriage of Convenience, or Marriage of Necessity?, *Business Ethics Quarterly* 4(2): 129-143.

- Whaw, W. (1991), *Business Ethics*, Wadworth Publishing.

- Wood, D. (1991), Corporate Social Performance Revisited, *Academy of Management Review* 16(4): 691-718.

- Wood, D. and J. Lodgson (2002), Business Citizenship: From Domestic to Global Level of Analysis, *Business Ethics Quarterly* 12(2): 155-187.

- World Economic Forum (2014), *Global Competitive Report 2014-2015*.

인터넷 자료

- http://www.naic.org/documents/committees_ex_isftf_1003_cg_tm.doc.
- https://blog.naver.com/chamnet21/220060070342.

부록

〈표 1〉 UN Global Compact의 10가지 원칙

구분	원칙
인권	제1원칙: 기업은 국제석으로 선포된 인권을 지지하고 존중해야 한다. 제2원칙: 기업은 인권유린에 연루되어서는 안된다.
노동	제3원칙: 기업은 단체교섭권에 대한 인정과 결사의 자유를 인정하여야 한다. 제4원칙: 기업은 모든 형태의 강제적 노동을 없애야 한다. 제5원칙: 기업은 아동노동을 폐지해야 한다. 제6원칙: 기업은 고용과 직업에 있어서의 차별을 없애야 한다.
환경	제7원칙: 기업은 환경적 위기에 예방적 대처를 지지해야 한다. 제8원칙: 기업은 환경적 책임을 촉진하는 계획을 수립해야 한다. 제9원칙: 기업은 환경친화적 기술 개발과 확산을 장려해야 한다.
반부패	제10원칙: 기업은 갈취, 뇌물 등 모든 형태의 부패에 반대해야 한다.

출처: United Nations Global Compact, The Ten Principles of the UN Global Compact.

〈표 2〉
UNEP Finance Initiative의 지속가능보험(sustainable insurance)을 위한 원칙

제1원칙	우리는 의사결정에 보험사업과 관련된 환경적·사회적·지배구조 이슈를 포함시키겠습니다.
제2원칙	우리는 환경적·사회적·지배구조 이슈에 대한 의식을 함양하고, 리스크를 관리하고 솔루션을 개발하는데 고객 및 협력업체와 함께 일하겠습니다.
제3원칙	우리는 환경적·사회적·지배구조 이슈에 대한 사회 전반에 광범위한 실행을 촉진하기 위하여 정부, 감독당국 그리고 주요 이해당사자들과 함께 일하겠습니다.
제4원칙	우리는 이러한 원칙들의 실행에 진전 사항을 정기적으로 공시하는 데에 책임과 투명성을 보이겠습니다.

출처: UNEP Finance Initiative, Principles for Sustainable Insurance (PSI) Initiative.

보험경영과 윤리

〈표 3〉 Global Reporting Initiative (GRI) 보고 원칙

대분류	소분류	측면
경제	경제	경제적 성과, 시장지위, 간접경제효과, 조달관행
환경	환경	원료, 에너지, 물, 생물다양성, 배기가스, 폐수 및 폐기물, 제품 및 서비스, 준법, 운송, 전반적, 협력업체 환경평가, 환경고충처리기구
사회	노동관행 및 양질의 근로	고용, 노사관계, 직업위생안전, 교육·훈련, 다양성 및 평등기회, 남녀동등보상, 노동관행 위한 협력업체 평가, 노동관행고충처리기구
	인권	투자, 무차별, 결사 및 단체교섭 자유, 아동노동, 강제노동, 보안관행, 원주민 권리, 평가, 협력업체 인권평가, 인권고충처리기구
	사회	지역사회, 부패, 공공정책, 경쟁저해행위, 준법, 협력업체의 사회적 영향 평가, 사회적 영향에 대한 고충처리기구
	제품책임	고객위생안전, 제품 및 서비스 표지, 마케팅 소통, 고객정보보호, 준법

출처: Global, Reporting Initiative, G4 Sustainability Reporting Guidelines.

〈표 4〉 ISO 26000: 사회적 책임의 국제표준

기본 원칙 (7개)	핵심주제	
	분야(7개)	내용
책임성	환경	오염 방지 지속가능한 자원 사용 기후변화 완화 및 대응 자연환경 보호 및 복구
투명성	인권	시민권과 정치적 권리 존중 사회적·경제적·문화적 권리 존중 취약집단관리 존중 노동기본권 존중

윤리적 행동	노동관행	고용 및 고용 관계 근로 조건 및 사회적 보호 사회적 대화 산업보건과 안정 인간개발
이해관계자의 이익 존중	조직 지배구조	법규 준수 책무성 제고 투명성 확보 윤리적 행위 증진 이해관계자 중시
법규 준수	지역사회 참여와 발전	지역사회 참여 경제발전 기여 사회발전 기여
국제 행동 규범 존중	공정 운영 관행	반부패 책임 있는 정치적 개입 공정경쟁 사회적 책임 증진 재산권 존중
인권 존중	소비자 이슈	공정한 영업·정보제공·계약 소비자 건강과 안전 보호 지속가능한 소비 소비자에 대한 서비스, 자원, 분쟁 해결 소비자정보 보호 필수생산품과 서비스 기회 보장 소비자교육 및 인식 제고

출처: 위키백과, 한국생산성본부 지속가능경영센터 홈페이지.